組織 倫理

Organizational Ethics

Chu Liu
Book Company ——

葉保強 ——— 著

國家圖書館出版品預行編目（CIP）資料

組織倫理 / 葉保強著 . -- 初版 . -- 高雄市：
巨流 , 2016.04
　　面；　公分
ISBN 978-957-732-516-7(平裝)

1. 商業倫理

198.49　　105002241

組織倫理

主　　　編	葉保強
責 任 編 輯	林瑜璇
封 面 設 計	Lucas
發 行 人	楊曉華
總 編 輯	蔡國彬
出　　　版	巨流圖書股份有限公司
	80252高雄市苓雅區五福一路57號2樓之2
	電話：07-2265267
	傳真：07-2264697
	e-mail: chuliu@liwen.com.tw
	網址：http://www.liwen.com.tw
編 輯 部	23445新北市永和區秀朗路一段41號
	電話：02-29229075
	傳真：02-29220464
劃 撥 帳 號	01002323巨流圖書股份有限公司
購 書 專 線	07-2265267轉236
法 律 顧 問	林廷隆律師
	電話：02-29658212
出版登記證	局版台業字第1045號

ISBN 978-957-732-516-7（平裝）
初版一刷・2016 年 4 月

定價：300 元

序

近年，在國際發生的大弊案，如國際足總（FIFA）集體貪污案、英國石油公司（British Petroleum, BP）漏油案、羅馬天主教庭教士性侵兒童醜聞、銀行共謀操弄銀行滙率案（Libor）、日本核電廠事故東京電力公司的失職等案。在臺灣出現的弊案，如林益世索賄案、葉世文貪污案、新北市中小學校長學生營養午餐集體貪污案、基隆海關集體貪污案等，都跟組織失能、領導失靈、治理不佳等倫理腐敗（moral corruption）脫不了關係。其中不少尋租式的貪污、集體詐騙等典型的組織崩壞的深層出現，與組織倫理失能有密切關連，只不過在一般的評論很少採組織倫理視角來做觀察。導致弊案的原因當然是複雜的，但都離不開人、制度及文化三大因素，問題是，三大因素都各有其較難測量的倫理深層，它們如何影響腐敗行為？卻不一定能被精準地掌握，因此造成腐敗行為成因的知識及瞭解不夠，令制定的防治措施不到位，只生一時之效，未能奏治本之功，使腐敗行為此起彼伏，禁不勝禁，防不勝防。要治本必須掌握組織腐敗的根本原因（root causes），才能對症下藥，治理腐敗。本書相信，組織倫理的失守或荒廢，是腐敗的根本原因之一，若能加強對組織倫理的知識，瞭解組織倫理行為的原因及後果，尤其是導致不倫理行為的內在及外在因素，對瞭解及治理組織腐敗肯定有積極的幫助。

筆者對組織倫理的集中關注應該自對企業倫理作教研開始，企業倫理以企業為聚焦點，自然離不開對企業組織的研究，但一般有關組織倫理的討論，大多出現在組織學或管理學的領域，以出版論文的數量來看，就可以證實這點。對組織倫理具影響力的論文，大多數都刊登於管理學、組織學及領導學的學報，很多不一定以組織倫理做為其文章題目，或其關鍵字。在商業倫理學報出現的文獻為數亦不少，情況亦大致相同。不管如何，就內容而言，組織倫理的研究及出版在近三十年的確有可觀的成績，本書的論述亦受益於日益增大的文獻。另外，特別要提出的是，西蒙（H. Simon）的組織決策、高斯（Coase）的公司理論，Mintzberg 的組織理論、Treviño 及同仁對組織倫理進行的研究、Collquit 及同仁對組織正義的理念、Mayer, J. P. 及同仁對組織承擔的論述、Bandura 對道德脫離的分析、Tyler 對法律規範的遵守的研究、Ashforth 及同仁對組織腐敗的探討、Schwartz 對人類基本價值的研究等，擴闊及加深了我對組織的知識與瞭解。2010 年承蒙法國著名的 Insead 商學院教授 Henri-Claude de Bettignies 的邀請，到上海中歐國際商學院（CEIBS）舉辦的一場國際會議做主題演講，論述有關中國傳統的倫理領導觀如何跟現代中國企業做結連，講稿其後以論文發表（Ip, 2011）。這場演講的內容部分取材於我近年對領導倫理的成果，亦部分反映在本書的第六章〈領導倫理〉之中。

　　筆者集中思考有關組織倫理問題斷斷續續已有十餘年，把部分思考成果轉換成文字是自 2013 年開始，2015 學年春季利用休假期間集中將之成書，以組織做為倫理分析的對象，吸納近三十年有關的研究成果，探討組織倫理的各個面向，及構建整體圖像並提出如何打造組織倫理的建議。本書所論的組織範圍含涵蓋了公私領域，不單侷限於私人企業，還包括政府組織及非牟利的民間組織。此外，近年愈受重視的職場倫理，跟組織倫理有高度的重疊。因此，不管是組織學、商業學、管理學及職業訓練人力資源，甚至領導學等，都跟本書的議題息息相關，本書的討論希望能為這些領域提供一些新的視角及洞見。臺灣的出版界，以組織倫理為獨立主題的專論不多，絕大部分有關組織倫理的討論都收納在企業倫理之內，且只屬一般的討論，不夠深入及全面。本書的撰寫希望能填補這方面的不足，提升學界對組織倫理的全面研究，開啟學子對這重要議題的認識。組織倫理的探討，應能活化及豐富化倫理學的教研。

　　本書撰寫期間，香港理工大學副校長兼應用社會科學院講座教授石丹理給予慷慨的協助，幫本人蒐集到所需的重要論文。遠在美國的好友高漢深醫師在行醫及研究兩忙仍對本人的研究的支持與鼓勵，是本書能完成的一大助力。我的學生，廣潮、廣赦、茂讚、智仁、宗信、芝、明光等都有數十年的工作經驗，對職場及組織百態都有深刻的體驗；世慶工齡雖淺，但卻親歷了難得的經驗；廣潮職場經驗豐富，從低層做到小主管，有兼備做上級下屬的歷練及視角，對職場的是非尤有深刻感受與看法，每跟他談起組織問題，交流就很實在。總之，每跟他們分享有關組織倫理時所接收到的迴響，是人生一樂。去年暑假筆者與研究生吳星做中國古書院的田野調查，開車走訪了湖南及江西的岳麓書院、石鼓書院、白鹿洞書院、鵝湖書院等，流連其間，感受書院的古樸靈氣，緬懷古人教與學之苦樂。此行不單加深了我對中國書院文化之體驗，還暫時舒緩了寫書累積下來的壓力。能完成這多年的宿願，全賴星的無私襄助，他沿途打點雜事，樂此不疲，不厭其煩，令我感激不盡。最後，我感謝好友林德深醫師多年來伴我走過數不清的山徑與稜線，共享荒野之美，其間練出的韌力及續航力，支撐著這次艱辛的書寫工程。

葉保強

2015 年 9 月 5 日
見山草堂

目錄

1

導言

為何關心組織倫理？

2001 年 9 月 11 日，蓋達恐怖組織用民航機撞毀美國紐約市地標貿易大樓雙塔及華府的五角大樓的恐佈攻擊，造成了兩千多人無辜死亡，製造了美國史無前例的災難，徹底改變了美國的國家安全體制及政策，且對全球的反恐措施起了根本上的變化。美國國會就此大災難做的調查報告在 2004 年問世，報告指恐怖攻擊成功之一個主因，是美國的情報組織（如中央情報局）、執法組織（如聯邦調查局）及其他的國家安全組織之組織失能，組織之間的溝通不良、山頭主義、各自為政、惡性競爭，白白錯失了阻止災難發生之良機，沒有把關鍵的情報向中央滙報，輕忽對待有關情報等，無法及時制止恐怖分子繼續執行攻擊計畫。911 事件所涵蘊的教訓很多，其中最明顯的就是組織失能及其所蘊藏的組織倫理問題。組織無處不在，而有組織的地方，就有組織倫理問題。

大部分人一生之中，與他人有頻繁互動的場域，除了家庭之外，就是組織。如家庭環境的優劣對個人的養成與喜樂息息相關一樣，組織環境的好壞亦會直接左右個人的利益、生活品質及成長，與人生幸福有密切關係。個人以不同身分參與不同的組織，如公部門的公務員、企業的職員、宗教組織的信徒、學校的學生或教師、慈善組織的志工、勞工組織的會員、政黨的黨員或幹部等。組織不單給予成員組織身分，同時以其規範及價值對成員行為及價值予以指引及約束；個人一旦加入組織就必須遵守組織規範，接受其價值及遵守紀律，以換取組織給予個人的保護、支援、關照與歸宿。社會上有各種不同性質的組織，素質良莠不齊，有好有壞（定義見後），而是否具備對的（正道）倫理、好的體制及賢能領導，直接影響組織的好壞優劣。倫理道德是組織的核心要素，塑造組織環境及文化，影響權力分配及運用、獎懲制度、規範守則、人員的任免、分工合作及彼此對待、行為操守、領導型態等方面。組織倫理從倫理角度探討組織的各面向及運作上的對錯、是非、善惡，及組織是否具備有道德正當性的正道倫理。

如文首所言，組織的好壞跟人的幸福息息相關。好組織（good organization）不只為人提供謀生場所，還建造跟他人合作的平台，建立及開拓社會聯繫；同時，還架設良好的學習空間，能夠擴闊視野、累積經驗、提升自我、增長幸福。壞組織（bad organization）不單無法提供這些好處，還令個人處處受阻、受壓、受苦、受屈，身心俱疲、士氣受挫、精神渙散、人格受辱、壯志難伸，更會被迫做有違良知之事，甚至淪落為作奸犯科、違法亂紀的參與者。例如，不公平的規範或機制對個人造成種種壓制，侵犯個人權利及自由；寡德的位高權重者的刁難、打壓及不公平對待，令下屬惶惶不可終日，精神受壓、尊嚴受挫、義憤難平；腐敗的權力主謀威迫利誘、迫人犯罪，淪為貪腐的共犯；品德敗壞的同事的惡言惡行、尸位素餐、偷工減料、作假欺瞞、恣意妄為、霸凌同仁、逼良為奸、禍及無辜，對組織百害無一利；無能無德的領導偏頗不公、以權謀私、是非不分、獎懲不公。壞組織小人當道、顛倒是非、指鹿為馬，讓好人遭殃，惡幣驅逐良幣，組織走向衰弱及崩壞，社會付出沉重的代價。

組織的好壞跟組織倫理密不可分，也跟個人和社會幸福有極大的關連，然而這個領域在主流的學院式倫理學的教研並沒有給予應有的關注及投入，這種不幸的疏漏部分歸咎於學院式的倫理教研（延伸而言是哲學教研）愈來愈偏離現實，跟真實世界愈來愈脫節，淪為一種自說自話、自我封閉的虛矯系統，不只誤導不少青年學子，浪費珍貴的教育資源，更與哲學應有經世致用之初衷背道而馳。本書的論述，除了盡量吸納近年組織行為倫理研究的豐碩成果外，還通過案例力求將理論跟現實做密切的連結。筆者深信，這種緊扣經驗面的倫理探索，以真實問題為基礎的倫理分析，應是應用倫理學的必由之道，亦是現時在迷途上的倫理學教研應該重返的正道。

組織倫理研究近況

近年組織倫理漸受關注，英語文化系國家的重要學術期刊相關的文獻不斷增長，[1] 而組織學教科書多有包括組織倫理的篇章，[2] 然大多數的討論都集中在組織正義（organizational justice）這個議題上，對組織倫理的其他方面著墨不多。對照之下，學報除了組織正義外，[3] 分析組織的倫理行為及違反倫理行為的論文愈來愈多，[4] 除了經驗的實證研究之外，亦有從組織心理學及社會學角度來說明不倫理行為所產生的原因及因應之道之理論探討。另外，與組織倫理有交集的組織行為，包括組織承擔（organizational commitment）、[5] 組織超義務行為（一般譯為「組織公民行為」）（organizational citizenship）（Koys, 2001; Podsakoff et al., 1997; Podsakoff et al., 2000）、組織信任（organizational trust）（Mayer et al., 1995）、組織情緒（organizational affect）（Isen & Baron, 1991; Haidt, 2001; Barsade & Gibson, 2007）、倫理領導（ethical leadership）（Avolio et al., 2004; Baserman, 1996; Treviño & Brown, 2007）、倫理氛圍（ethical climate）、[6] 道德切割（moral disengagement）（Bandura et al., 2000; Moore, 2008; Moore et al., 2012）等議題，同時受到關注，在觀念及理論開拓上都多有發現，為組織倫理的研究建構了更廣闊堅實的平台。

組織倫理文獻中，有不少是探討組織的腐敗問題（organizational corruption），主要聚焦在政治腐敗的範疇，標準論述（standard view）集中描述及說明腐敗人如何進行腐敗勾當及其原因，並以濫權尋租以圖私利成為腐敗說明的主軸。這類分析主要是可以大略歸類為所謂「爛蘋果」（bad apples）理論，即組織腐敗主要是由組織內少數的壞分子啟動及執行的（Felps et al.,

---

1　包括 Academy of Management Review、Academy of Management Journal、Journal of Applied Psychology、Journal of Personality and Social Psychology、Journal of management、Journal of Business Ethics、Business Ethics Quarterly、Journal of Business and Research、Business and Society、Leadership Quarterly。

2　如（Colquitt et al., 2009; Nelson & Quick, 2009; Daft, 2007; Gibson et al., 2003）。本書的文獻出處格式是：凡文獻超過三項，文獻含頁數者，均放於註腳。

3　見（Colquitt, 2001; Colquitt & Greenberg, 2005; Colquitt et al., 2001; Cropanzano et al., 2003; Greenberg, 1993; Greenberg, 2006）。

4　見（Neilsen, 1989; Paine, 1994; Rossouw & van Vuuren, 2003; Schweitzer et al., 2004; Sims, 1991; Stead et al., 1990; Trevino et al., 2006; Trevino & Youngblood, 1990; Reilly et al., 2012）。

5　見（Benkhoff, 1997; Cullen et al., 2003; Klein et al., 2009; Randall, 1987）。

6　見（Ashkanasy et al., 2000; Fritzsche, 2000; Schwepker, 2001; Sims & Keon, 1997; Vardi, 2001）。

2006; Gino *et al.*, 2009）。近年逐漸出現一些跟標準論述不一樣的分析，對組織內的常人如何慢慢陷入腐敗的陷阱而不能自拔，所謂「好人為何做壞事」（why good people do bad things）的現象做研究（Moore *et al.*, 2012; Bersoff, 1999; Umphress & Bingham, 2011）。依這些研究，一些舉世觸目的腐敗弊案，不完全能用爛蘋果理論取得令人滿意的說明，因為不少案件的腐敗共犯，原來是一般「身家清白」的正常人，從未犯過案的「好人」，但卻由於不同的原因淪為腐敗的參與者或合謀者。除此之外，一些組織的腐敗，不是單次的作弊，而是常規化及制度化（Ashforth & Anand, 2003; Anand *et al.*, 2004; Palmer & Maher, 2006），以及不斷升級及嚴重化（Zyglidopoulos *et al.*, 2008; Zyglidopoulos & Fleming, 2008; Fleming & Zyglidopoulos, 2008）。這些叫人怵目驚心的現象，是需要理論說明的。

組織腐敗原因主要有三類：體制面的腐敗、執行腐敗的人及促成腐敗的事件（Kish-Gephart, Harrison, & Trevino, 2010）。三者都互相關連，彼此促進。腐敗的體制亦稱為「爛桶子」（bad barrel），指組織體制結構及過程之腐敗，即組織本身存在錯誤或偏差的價值及信念，缺乏正確的行為規範或機制（Darley, 1996; Trevino & Youngblood, 1990）。制度設計不良、決策程序不當、誘因扭曲、監督機制失能等，說明腐敗的組織環境的理論被稱為爛桶子理論。如上文言，敗腐的主謀或執行者又稱為「爛蘋果」因素，是指組織內有腐敗意圖、思想及行為的個人或小組，尤其是不正派的位高權重者的歪念惡行，是組織腐敗的原因。除了壞體制及壞人的因素外，所謂「爛事件」（bad cases）亦跟腐敗有密切的關連。爛事件是指涉及面廣而複雜的事件，由於缺乏相關的行為準則，或是非對錯標準模糊不清，或由一些輕微的越軌或犯規行為所累積而逐漸成為習慣，參與者缺乏應有的倫理警覺性，或涉及的議題具備高度的道德強度，需要複雜及審慎的倫理思維來解決的，都會導致爛事件的出現。體制、人及事件三者不是彼此孤立，互不相干，而是彼此關連，互相加強的。三者任何一個的出現都會提高腐敗出現的機會，若三類原因同時出現在組織時，正是腐敗的完美風暴（perfect storm）形成之時，腐敗勢不可擋，組織要承受風暴帶來的破壞及沉重代價。配合組織倫理的消極面分析，積極面上可從擁有正道倫理的組織之特質、成因及所導致的效應來審視。本書兼顧了組織倫理消極面及積極面的分析，論述次序由組織的腐敗面開始，探討其性質、過程、成因及後果，跟著從正面切入，論述正道倫理組織的特質及管理。

英美近 30 年組織倫理的研究有長足的發展，研究的數量及素質是可觀的，絕大部分研究都是採取組織學或管理學視角，少數從倫理學途徑；其次，大部分的論述屬經驗及實證理論（empirical ethics），重點放在經驗行為倫理（behavioral ethics）；而相對地較少從規範性倫理（normative ethics）來論述。雖然如此，前者的理論開發及深化的成果，衍生了不少的新觀念及論述（見上文），可為組織倫理的規範性探討提供堅實的平台，令組織的倫理探討更能貼近真實狀況，避免過度的理論化及玄想性。

本書的目的及議題

本書採取廣闊的視角來探討組織倫理，在定義上取廣義的倫理來審視組織倫理，將尋租式腐敗包含在道德腐敗之內。在議題選擇上，除了組織正義、組織承擔及組織信任外，還包括組織腐敗常規化、組織詐欺、不倫理行為（unethical behavior）的合理化、倫理切割等重要議題。就論述途徑而言，消極面上可以從欠缺、輕忽或違反倫理的組織行為，包括不倫理組織的特性、成因及所產生的後果，發掘及彰顯倫理與組織的關係或連結。本書用組織腐敗（corruption）或失能（dysfunctional）做為不倫理組織的一個典型，分析不倫理的組織行為。

本書分為八大章，第一章導言之後，討論的議題如下：第二章，組織生態：組織的結構與過程；組織常數：職場壓力、職場情緒、組織權力。第三章，組織之明暗面：內容包括組織的陽光元素：組織正義、組織承擔、組織超義務行為及組織信任；組織的陰暗元素：組織詐欺、組織脫軌、組織政治及組織腐敗。第四章，組織倫理行為：內容論述組織倫理行為及原因、組織不倫理行為成因的說明；關係與組織倫理等。第五章，組織腐敗：組織腐敗之涵義、組織腐敗常規化（制度化、合理化、社教化）、組織腐敗的持續及升級、倫理距離與組織腐敗、道德切割與腐敗行為，及為組織行不義。第六章，領導倫理：探討領導的內涵與類型及在組織倫理的重要性、倫理領導及其原因、領導的組織效應、追隨者之特質等。第七章，打造組織倫理：論述組織倫理之基本原則及三大要素：人才、體制、文化；組織倫理的模式。第八章，案例分析：用真實的案例具體地展示組織如何倫理失能或崩壞，案例包括臺灣中小學校長學生營養午餐採購舞弊案、羅馬天主教教士性侵兒童醜聞、日本奧林巴斯（Olympus）隱瞞財務虧損弊案、及中國山西省呂梁集體貪腐案。

2

組織生態

依全球十大僱主的排行榜（Wiki, 2105），排在第一與第二位的分別是美國國防部（2012 年僱員人數 320 萬）及中國人民解放軍（僱員 230 萬），兩者都屬國防，攸關國家安危及人民生存。上榜的還有幾家中國國營企業：中國石油天然氣（CNPC）（160 萬）、國家電網（State Grid Corporation of China）（150 萬）、中國郵政（90 萬）；排行第七的印度鐵路公司亦是國企，僱員有 40 萬人，它們經營的都跟民生有關。上榜的私人公司，包括美國的量販商龍頭沃爾瑪（Wal-Mart）（210 萬）、麥當勞（190 萬）及臺灣的鴻海（120 萬），跟國企一樣都是製造人民生活所需的產品及服務。公家機構及私人企業的共同點是，它們都是龐大及運作有效的組織！發揮著同類功能的還有千千萬萬家組織，私人公司著名的如 Apple、Google、Amazon、Toyota、IKEA、BMW、Coca Cola、Microsoft，不知名的更數不勝數了。組織是人類的了不起成就，通過它人類創造了文明，提升文化及生產各種產品服務，不管是在公領域或私領域，組織都在集結、協調及控制人才和各種資源，發揮各種重要的政治、經濟、社會及文化功能。政府組織利用公權力來推動及維持人民基本生活，提高生活素質。私人公司由利潤誘因推動，將人類生產力大幅提升，推陳出新，創意無窮，製造各式各樣的產品服務，滿足人們的需求。

組織，基本上是一個生產社群（productive community），將人力、知識技術、資本等集中起來，通過靈活的分工合作、協調及控制，有效解決問題、加強生產力、發揮創意，滿足社會需求。[1] 組織內的人如何合作？如何互動？如何相處？如何管理？如何領導？都跟組織是否能有效完成這些目的息息相關。這都是組織的重要問題，同時亦是社會的重要問題，因為組織的好壞會直接影響社會的福祉。上世紀 1970 年代管理學及社會學從生態學取得靈感，開始探討組織生態學（organizational ecology），研究議題是相當宏觀，包括組織的死亡率（organizational mortality）、適應及天擇（adaptation and selection）等。[2] 本章雖取名「組織生態」，然範圍侷限

---

1 見（Boulding, 1968; Clegg, 1990; Coase, 1937; Simon, 1947, 1979; Scott, 1992; Rousseau, 1997; Pfeffer, 1997）。

2 見（Amburgry & Rao, 1996; Carroll, 1988; Hannan & Freeman, 1989）。

於組織內部，取「生態」所包含的相互依賴（interdependence）及相互聯繫（interconnectedness）之義，主軸是探討組織的結構與過程，及一些組織常數（organizational constants），包括組織壓力、情緒、權力等常態。

組織的結構與過程

組織有特定的目標（goals）、結構（structure）及過程（process），都是人類精心設計的結果。分化（differentiation）將組織的目標分化成不同的工作；整合（integration）將不同的工作連結起來，支援目標的完成。成功的組織必須把兩個過程的協調做好。組織結構表現為權力及責任結構，報告管理及溝通渠道，公司的組織圖是一個很具體的組織結構範例。分化的過程有幾類：水平分化、垂直分化及空間分化。水平分化（horizontal differentiation）是組織內的子單位的分化，分化的根據是員工的特殊專業知識及技能；一般而言，分化會隨著專門化而加強。一個組織有愈多的專門業務，則有愈多的部門。垂直分化（vertical differentiation）是組織內的權力與責任的分化。一個結構高架及狹窄的組織有更大的垂直分化，一個扁平廣闊結構的組織比較少垂直分化。組織的結構高度受到水平分化及要管理的人數多寡影響。空間分化（spatial differentiation）是組織的辦公室、工廠、員工在不同的地區、國家或城市的地域或空間的分布。[3]

如上所言，就組織有高架結構及扁平結構之分。高架結構（tall structure）的控制範圍狹窄（narrow span of control）及通常有緊密的監督及控制，由於要經過多層的管理，層與層之間的溝通比較不通暢。扁平結構（flat structure）有更廣闊的控制範圍，由於結構內的管理層比較少，組織內有更暢順的溝通渠道。組織的結構愈分化，組織結構就會愈複雜。事實上，組織的複雜性反映其所經營的環境的複雜。組織愈複雜愈需要加強不同部門及單位的聯繫及協調，否則各部門或單位會各自為政、缺乏協作、導致混亂、浪費資源。將不同的部分聯繫及協調起來，以達成組織目的過程是整合，

3　本節材料部分取材自（朱建民、葉保強、李瑞全，2005: 233-237）。

在這整合的狀態之中，組織的各個部分都能互相聯繫及彼此平衡。一些經常用的整合方式，包括層級責任、規則及程序、計畫及時間表、臨時增加的職位等。

怎樣的分化及整合的混合（mix）才能最有效完成組織目標？一般而言，我們可以按照以下組織的 6 個結構面向，瞭解每一構面的情況，然後決定哪個結構面最適合處理哪個特定的組織的需要。組織的 6 個結構面，包括了形式化、專門化、集中化、標準化、複雜化、權威層級等。形式化（formalization）是指員工工作的形式化（條文化）的程度（守則、程序、工作內容、規則）。專門化（specialization）是關於組織工作分拆成不同的個別工作的程度。集中化（centralization）代表決策由上層執行的程度。標準化（standardization）是指工作以同一方式被描述及執行的程度，高度標準化之下，同類工作之間的差異性是很低的。複雜性（complexity）是指組織內活動數量及所需的分化程度的程度。權威層級（hierarchy of authority）是指組織內的包括報告關係及控制範圍的垂直分化程度。以上的 6 個構面都有不同程度的高低。層級式組織的各個構面的程度都很高，對照之下，各個面向的程度都偏低的組織則很靈活及寬鬆，例如，研發部門為了發揮員工的創造力，比起其他部門的結構都寬鬆。

6 個構面程度的高低跟組織規模是有關連的。一般而言，組織成員的總人數是組織規模的一個很好的指標，因為人數及所構成的互動是組織結構的元素。規模的其他指標如生產率、總銷售量及總資產等，都跟員工的數目有強的關連，但不一定能反映構成組織的實際人際關係。表 2.1 展示了在大型組織內，形式化、專門化及標準化都偏高，因為組織若做有效的控制，必須靠這些過程。規模較大的公司需要將不同工作的細則及作業流程編制成各種的員工標準作業手冊，而不會單靠經理口頭的指示。例如，跨國速食食品公司麥當勞將如何製造漢堡、薯條，如何接待客人，如何清潔店面的詳細作業細節編制成不同的作業手冊，這種標準化、專門化及形式化令麥當勞在世界任何一個角落的分店所提供的產品品質得到保障。關於權威層級方面，隨著規模的增加，組織的複雜性會增加，愈來愈多的層級會加到權威層級上去，配合形式化、標準化及專門化的增加，組織權力控制範圍就愈廣。

表2.1　組織面向與組織規模的關係		
面向	**小型組織**	**大型組織**
形式化	低	高
集中化	高	低
專門化	低	高
標準化	低	高
複雜性	低	高
權威層級	扁平	高架

資料來源：（Nelson & Quick, 2003, 514）。

　　組織結構會影響策略決策過程（strategic decision process）。一般而言，結構與策略決策的關係大致有以下幾種：一，形式化愈強，以下的狀態出現機會愈高：策略性決策變得愈來愈被動（危機出現才做事後反應），不是趁機會事先回應；策略動作漸進式及精確的；組織之內的分化不受到整合機制所平衡；只會對被組織之監察系統所偵測到的危機做出反應。二，愈集中化愈會出現的狀況：策略決定會由少數人所主導；決策過程將會是目標取向及理性的；策略過程受到高層經理的侷限所制約。三，複雜性愈高愈會出現：策略決策過程會變得愈政治化；組織愈難認識存在外部環境的機會及威脅；組織內由於利益爭奪、人多聲雜而更難達成優質的決策。

　　組織會因應外部環境的變化而做出內部的調節，健全的組織會不斷適應外部的變化做出改變及整理。這些外部變化包括了科技進步、市場競爭、政府法令及監管、社會的需求、環境的改變等。例如，全球氣候變遷帶來空前的人類生存危機，迫使全球政府企業及社會合作，節能減碳、發展綠能、及落實永續發展，會成為政府企業及社會努力的方向，而各類型組織的價值發展方向及運作模式必須做相應的調整或改變。

組織常數

組織內存在著一些基本元素或狀況，對成員的行為發生不同程度的影響及制約。職場壓力、職場情緒及組織權力可稱為「組織常數」，鑲嵌在組織之內。有組織就有權力，組織運作、協調、控制等都要依靠權力；現代社會壓力無處不在，職場壓力如影隨形，分別只是程度大小而已，「無壓力職場」是矛盾辭。往日管理者認為，職場內出現員工情緒是不利生產的，因此加以限制或消除，但有人的地方就有人的情緒，怎樣壓抑或消除可能都無效，況且情緒不一定妨礙工作。近年研究發現職場情緒不利生產是個偏見。瞭解職場內的壓力、情緒及權力有助於理解組織的生態。

◈ 職場壓力

臺灣職場的工時長、壓力大、勞動付出高、工資停滯 10 多年。「爆肝行業」這惡名是指工時長、壓力大的行業，若有選擇的話，人人避之則吉。美國 2002 年的一份就業年鑑（Krantz, 2002）制定了 21 類的壓力指標，來標示 250 多種的工作壓力。這些指標包括完成工作的期限、競爭性、環境條件、速度、精準度、主動性等。報告顯示，壓力最大的職業是美國總統，壓力總分是 176.55；壓力第二大的是消防員：110.93。[4] 不管是哪個國度，工業社會職場的工作壓力非常普遍，若不善處理，會產生各種惡果（Nelson & Quick, 2009; Colquitt *et al.*, 2009）。從生理角度而言，壓力（stress）是指當遭遇到任何事件或危險時，人做出戰鬥（fight）還是逃

---

4 其他高壓力職業的分數如下：高級企業行政人員：108.62；計程車司機：100.49；開刀手術醫師：99.4；警察：93.89；機師：85.35；航空導航員：83.13。壓力最少的行業，依次是樂器維修員：18.77；花店員工：18.8；器具修理師：21.2；圖書館員：21.4；檔案文員：21.71；鋼琴調音師：22.29；飲料販賣機修理員：22.44；理髮師：23.62；數學家：24.67。

命（flight）的一種無意識的準備狀態。壓力的來源可以是人、或事、或狀況，導致壓力的事物稱為壓力源。壓力是指人們對一些要處理的事件所產生的要求的心理、生理反應，壓力之出現是因為應付這些要求，對個人的能力造成嚴厲的挑戰，或個人能力、或能掌握之資源難以應付這些要求。[5] 愈嚴厲的挑戰產生愈大的壓力，無法達成工作要求所產生的壓力尤其超標。壓力的心理反應會產生相關的生理反應。長期的超級壓力會嚴重損害員工的健康，甚至會危害生命，過勞死就是一例。

全球化導致商業社會競爭愈加激烈，組織生活節奏急速，職場壓力成為工作常態，令不少上班族喘不過氣，身心俱憊（Cooper, 1998; Johnson *et al.*, 2005; Siegrist & Rödel, 2006）。職場壓力源很多，包括任務的預定完成期限、超量或超時工作、工作環境惡劣、壞上司、惡同事、刁難的客戶、工作家庭失衡、公司財務緊張、公司面臨倒閉、公司大幅裁員、公司醜聞弊案成為媒體頭條等。來自工作本身的壓力是職場主要的壓力源之一，工作壓力是由工作本身所產生的壓力，包括工作內容複雜性高、工作內容的更動頻繁、無法控制的工作、職位升遷、新科技的引進、時間壓力等。

壓力超載肯定對身心有害，但不是所有的壓力都是有害的，良性的壓力令受壓人更能發揮能耐，對個人及組織都有好處。健康及正常的（良性）壓力（eustress）對個人健康有益，並提升工作效能。就體能或智能表現方面，良性壓力可激發員工體能的爆發力、及工作投入感等。此外，良性壓力使心肺效率提高、神經系統平衡、及遇到危急時能強化個人的集中力等。總之，惡質壓力導致員工心理失衡，易生疾病及產生行為偏差問題等，組織要支付醫療費用及生產力降低，嚴重的情況會導致員工因過勞成疾甚至死亡，而惹來訴訟及相關的賠償，損害公司名譽。

◇◇ 職場情緒

依管理學的傳統智慧，組織是理性的產物，人在組織內應以理性行事，

---

5 見（Cooper & Quick, 1999; Cooper & Dewe, 2004; Larzarus & Folkman, 1984; Larzarus, 1991）。

不宜涉及情緒，因為情緒會妨礙工作，削弱決策的品質，亦不利於同事之間的相處合作。管理人因此要儘量約束員工職場的情緒，強化工作的理性面。問題是，職場上的情緒是否只有負面效應？在實際的情況下，理性是否不會受到情緒的影響？職場情緒跟效率及合作等，究竟有何關連？正面的情緒是否有利於組織的生產力及同事之間的合作，及員工自身的工作滿足感？近年組織學者開始關注這些問題，將組織情緒從禁區中釋放出來，探討員工的職場情緒跟工作及生產的關係。[6]

人類的基本情緒，包括憤怒、敵意、恐懼、嫉妒、悲哀、憂傷、榮譽、喜悅、滿足等。如在日常生活一樣，人們在職場上遇到的事件或遭遇，自然會引發喜、怒、哀、樂等情緒反應（Frijda, 1993）。當目的完滿達到時，人們會感到欣慰及滿足；當受到挫敗時，人們會感到沮喪或擔憂；受到不公平對待，會感到委曲、不滿甚至憤怒。這些情緒都跟倫理行為有一定的關連（Wagner & Gramzow, 2007）。正面情緒（positive emotions）如榮譽、喜悅、滿足等，是對組織有利的，有此類情緒的員工會熱情工作，彼此合作和諧，甚至會產生超義務行為。正面情緒會令員工有更佳的認知能力、更強的聚焦力、更健康的身心、及更強的應付問題的能力（Fredrickson & Brannigan, 2001）。一般而言，經常具有正面情緒的人都在生活的不同領域中會有成功的表現，同時有更高的生活滿足感。對照之下，負面情緒（negative emotions）如憤怒、敵意、恐懼、怨懟、委曲、仇恨、嫉妒等，都會干預人們的理性行為，擾亂思考、降低注意力、做錯誤判斷，甚至做出愚蠢的行為，有害人際關係，破壞團隊合作。很多的負面情緒都是短暫而強烈、難以控制的。負面情緒，如憤怒或恐懼，可能會導致難以預料的行為後果，傷害他人或對當事人不利。醫學研究發現，負面情緒會削弱當事人的心血管循環功能，有害健康。事實上，負面情緒會降低員工的工作滿足感，或減少他們對組織的認同感。而對工作不滿或組織認同感低，都會削減員工的生產力，負面情緒亦會產生員工的偏差行為，破壞職場合作氣氛，增加管理成本（Lawrence & Robinson, 2007）。

---

6 見（Ashforth & Humphrey, 1995; Barsade & Gibson, 2007; Frank, 1988; Lawrence & Robinson, 2007; Nelson & Quick, 2009; Alderfer, 1972; Isen & Baron, 1991; Tangney, 1991）。

◈◈ 組織權力

權力（power）是令他人為自己做事的力量。細緻而言，權力乃權力擁有人能令他人依其意志來產生結果的力量，權力跟影響力如影隨形，權力的效應是影響（Cialdini, 2006）。組織的正常運作必須依靠權力，權力擁有人行使權力令他人執行指令，包括做平時不一定會做，或不一定願意做的事。組織權力（organizational power）是指組織內，能依指定計畫影響他人來達成目標的力量。一個著名的研究發現（Milgram, 1974; Zimbardo *et al.*, 1999），人容易受到權力的影響，做出平常不會出現的行為，甚至做出不少的惡行。[7] 以下討論有關組織權力的細則。[8]

權力一般可分為幾種。第一，位階式權力（position power）是組織位階本身給予位階擁有者的權力，組織的法規為不同位階配置不同但具正當性的權力，用以達成組織目標。權力接受者基於其正當性，有義務遵守由此而來的指令。第二，獎賞式權力（reward power）能運用獎勵或相關的因素來令他人執行任務。有獎賞員工的能力就等於有權力，例如，經理有決定員工加薪、或獎金、或擢升的權力，這權力若適當地運用，是可以導致員工更佳的工作表現。第三，壓制式權力（coercive power）運用威嚇、懲罰或終止支持等手法令他人執行指令。如獎賞力一樣，壓制力亦是權力。壓制會令被壓制者產生害怕或恐慌，不快或不安，因而依壓制者的意志完成工作。第四，專家式權力（expert power）是利用專業知識經驗促使他人執行任務。權力接受者必須依賴權力者擁有的知識經驗，及相信權力者真正擁有這些知識經驗，專家式權力才能發揮效應。[9] 第五，尊崇式權力（referent power）是利用個人的被尊敬或崇拜來影響他人行為，完成個人所指定的目標。權力接受者基於對權力者的欣賞或崇敬，會自願及欣然服從及執行權力者的指令。除了第一種權力只會出現在組織之內以外，其餘的均可在組織內外出現。

---

7 見（Cialdini, 1996; Darley, 1992, 1996; Fiske *et el.*, 2004; Kelman & Hamilton, 1988）。

8 有關權力的討論，主要參考（Daft, 2007: 488-497; Gibson *et al.*, 2003: 276-285; Schermer-horn, Jr.*et al.*,2004: 256-266; Nelson & Quick, 2009, Coquitt *et al.*, 2009: 448-449）。

9 見（Nelson & Quick, 2009: 365）。

依附於組織而有的權力稱為組織權力，不在組織內出現的權力是個人權力（personal power）。沒有組織，個人仍可用獎懲、壓制、專業或受尊敬的力量來影響或指使他人。

組織要達成目標，有效完成任務，必須做適當編制及權力配置。組織依其章程對不同職級配置大小不同的權力，少數位於結構的頂端被配置最大的權力，下面各層位置的權力逐層遞減，人數最多的底層的人其權力愈小，形成一個權力金字塔。這些依章程而配置的權力是正規權力（formal power），具有正當性。成員人數眾多的大型組織，必須依靠明確及複雜的組織結構及權力配置，才能優化分工合作效能，有效達成任務。權力的配置及執行，滲透在組織內複雜而多樣的互動及合作關係之中，因此要瞭解組織內的互動及合作狀態，必須瞭解其權力配置及行使。除了正式的職位外，能控制資源、決策範圍及項目、訊息等，都代表著權力的擁有。事實上，這些控制權幾乎都跟職位有關，換言之，職位的占有是組織權力的主要來源。

組織權力關係結構大致上是垂直式或水平式，權力的行使軌跡可自上而下或依水平線而運轉。除此之外，少數以團隊做為結構主軸的組織會以網絡方式協調及規範權力的配置及運作。網絡權力的分配比較平均，位於網絡主要交匯點上的人比位於交匯點外的人有較大的權力，但彼此的權力差距遠少於垂直式的上級跟下級的權力差距。權力的適當或有效地使用可令組織成員的合作暢順，達到組織預期效果；反之則會導致混亂，造成損害及不公平。權力使用踰越適當範圍是濫權，應用而不用是權力廢弛或失能，同樣是權力的不適當使用，容易生亂及造成不公；不當的督導是權力不當使用的典型，導致下屬脫軌行為，對組織造成傷害。[10] 合適的權力運用除了要依據合理的法律及組織規範外，同時要遵守倫理道德。這兩道防線是權力的紅線，不能踰越。權力的倫理，界定了權力使用的道德正當性。組織倫理尤其關心權力的倫理約束。

---

10 見（Gilbreath & Benson, 2004; Tepper, 2000, 2007; Tepper *et al.*, 2008）。

組織之明暗面

柏拉圖式的組織除外，現實世界的組織有光明面亦有陰暗面，光明面包含了組織珍貴的元素，它可以令組織有高生產力、強內聚力、高創意、員工合作無間、同心同德、團結一致。這些成功組織都期望擁有的東西（organizational desirables），可稱為組織的陽光元素（sunny elements）。對比之下，陰暗面的存在有害組織生存與發展，破壞生產力、員工互不信任、內耗不斷、離心離德、各謀私利。這些正常的組織會卯足全力將之去除的東西（organizational undesirables），可稱為陰暗元素（dark elements）。組織是人的產物，其明暗面的陽光元素及陰暗元素同樣是人為的結果，前者源自良好管理、賢能領導，後者來自不善管理、昏庸敗德領導。陽光元素及陰暗元素在組織都分別產生正面及負面的結果。[1]

組織的陽光元素

陽光元素基本上是有利組織的行為及氛圍或結構，若能長期及穩定地存在於組織之內，對組織利多，協助組織成功。這些元素包括了組織正義、組織承擔、組織超義務行為及組織信任。下面對它們的性質及對組織的影響逐一做簡論。

◈ 組織正義

組織學近年愈來愈關注組織正義。[2] 據荷蘭的一項研究（Janssen, 2000），組織成員對在職場上是否被公平地對待的感受，或所經歷的交換是否公平（即付出的勞力是否有公平的回報），對其工作的表現有很大的關連（Van Vegchel et al., 2005）。組織若經常發生不正義的事就要付出很高的組織成本，包括出現各種妨礙組織目的達致的行為。嚴重的不公平會帶來員工的攻擊性反彈甚至暴力行為。可幸的是，不少的研究顯示，只有少數的員工會因

1　見（Alderfer, 1972; Nelson & Quick, 2009; Aguinis & Henle, 2003; Handy, 1976; Mintzberg, 1979, 1989; Krackhardt & Hanson, 1993; McGregor, 1960）。

2　見（Barsky & Kaplan, 2007; Barsky et al., 2011; Lind et al., 1990; Colquitt & Greenberg, 2003, 2005; Lim, 2002; Blader & Tyler, 2003a, 2003b; Cohen-Charash & Spector, 2001; Greenberg, 1993, 2006）。

不公不義而產生反組織行為。然而，要注意的是，相關的研究都集中在短期的行為，估計若用較長時間做觀察，可以幫助回答一些有關組織正義的重要問題，包括在感到愈來愈不公平時，人們會如何反應？不公平若隨時間而不斷地下降時，人們會做出什麼的行為？不公平長期維持不變下，人們又會如何自保？[3]

◈ 組織正義的類型

什麼是組織正義？依社會科學研究，組織正義是指組織成員對組織程序、行為或結果是否正義的感覺、認知或反應，換言之，是組織人在組織生活中的正義認知及感覺。因此，組織研究中的正義觀念基本上是經驗及描寫性的，並不是哲學或規範倫理學的規範性的正義觀念。依組織學文獻，組織正義可以分為三大類：分配正義、程序正義及互動正義。[4]

分配正義（distributive justice）是指組織人就有關薪資、福利、獎勵、評鑑、擢升、工作安排、學習機會等分配的公平正義的感受及認知。這些分配所依的準則若不適當，或沒有切實執行，都會被視為不公平或不正義。就薪資分配方面，員工的資歷、專業經驗及生產力等是適當的分配準則；獎金發配方面，應以生產力（工作績效佳）高低做為準則，生產力高則獲取更高的獎金；而獎勵方面，對公司貢獻愈大的員工就獲得愈多的獎勵等。其餘如擢升、培訓機會等，都應各有適當的分配準則。

程序正義（procedural justice）是指組織的決策過程或管理程序有關的公平性（Blader & Tyler, 2003b）。這些程序包括主事人（經理）是否能不存偏見及前後一致執行有關的程序，給予員工足夠及適時的有關資訊，尊重員工表達意見的權利，在重大的決策時諮詢員工的意見，在重要的決策容許員工的參與等。此外，程序正義亦包含組織是否有給予員工投訴公司的管理問題的權利，當受到不當對待時的申訴權利等。

3　本書將「正義」與「公平」視為同義辭。

4　（Colquitt, 2001; Colquitt *et al.*, 2001; Colquitt & Greenberg, 2001, 2005; Cropanzano *et al.*, 2003）。

　　互動正義（**interactional justice**）涉及組織內人與人之間互動的公平正義，特別是在組織決策或日常管理時，上級是否有公平對待下屬的情形（Bies & Moag, 1986; Bies, 2001）。有學者（Colquitt, 2001）將互動正義分為人際正義（interpersonal justice）及訊息正義（informational justice）兩個部分。員工如何感覺管理層對自己的對待代表了組織的人際關係正義面，或稱人際正義。人際正義在兩方面呈現出來：管理層對員工是否尊重，及是否待之以禮。尊重表現為管理層以真誠及尊重的態度對待員工，而以禮相待員工則表現在沒有用不當或冒犯的言辭來品評員工。當管理人員當眾責罵、羞辱、貶抑或批評員工時，或用種族或性別語言於他們身上時，組織就觸犯了人際正義。員工是否感到公平地被告知訊息亦屬正義範圍。訊息正義的感受是指員工覺得上級以公平的方式來傳遞訊息的感受。判定訊息傳遞是否符合正義的準則有二：一，上級完整及合理地（comprehensive and reasonable）說明組織決定過程及後果；二，上級以實誠及坦白（honest and candid）的態度來說明所傳遞的訊息。[5]

　　以下是組織正義的量表：

表3.1　組織正義量表
分配正義
我的工作規劃是公平的。 我認為我的薪資是公平的。 我認為我的工作量是頗公平的。 整體而言，我獲得的獎賞是頗公平的。 我覺得我的工作責任是公平的。
程序正義
總經理對我工作安排的決定是沒有偏頗的。 在決定之前，總經理確保所有員工的意見都被聽到。 做正式的工作安排時，總經理會蒐集正確及完備的資訊。 總經理會對決定做澄清，當員工有要求時總經理會提供額外的資訊。

5　筆者認為這類正義可以納入程序正義之內，不必成為另一類正義。

表3.1　組織正義量表（續）
所有工作安排都一視同仁，都應用到有關的員工上。 員工是可以對總經理的工作安排做出質疑及申訴的。
互動正義
在做有關我工作的決定時，總經理對我表示仁慈與關懷。 在做有關我工作的決定時，總經理對我尊重。 在做有關我工作的決定時，總經理知道我個人的需要。 在做有關我工作的決定時，總經理跟我坦誠處理。 在做有關我工作的決定時，總經理表現對我的員工權益的關心。 在做有關我工作的決定時，總經理跟我討論決定的涵義。 在做有關我工作的決定時，總經理提供足夠的理由。 在做有關我工作的決定時，總經理用令我明白的方式來說明決定。 對任何有關我工作的決定，總經理都給予非常清楚的說明。

資料來源：（Niehoff & Moorman, 1993: 541）。

◈ 組織正義的效應

　　就個人、組織及社會而言，公平正義都會帶來好處，營造良好秩序。[6] 低正義令人們感覺事情是隨意及不可預測的，在職場上會減低環境的清晰狀況（Warr, 2007）。隨意性及不可預測性的出現可能損害人們對環境的控制能力，令人有時無所適從，不利工作的投入。組織若能有效維護及切實執行程序正義，對組織是有利的（Earley & Lind, 1987; Lind *et al*., 1990）。保障言論自由令員工能更積極及更用心對公司的決策做出回應，發揮真正的集思廣益效應，提升公司的決策品質。當員工覺得自己的意見受到重視，就算意見未被接納，仍會珍惜這個權利與機會，在決策中付出關心與努力，視自己與組織合而為一，加強對組織的認同。研究顯示（Colquitt *et al*., 2001; Cohen-Charash & Spector, 2001），程序正義比分配正義更能影響個人對組織權威的反應。該研究利用對 183 份研究所得的資料做後設分析，發現用程序正義比

6　見（Tabibnia *et al*., 2008; Taris *et al*., 2002; Hu *et al*., 2013; Janssen, 2000; Korsgaard *et al*., 1995; Korsgaard & Roberson, 1995）。

用分配正義更能精準地預測員工的整體工作滿意度及組織承擔，與對監督的滿意。員工之所以重視程序正義多過分配正義，理由是大家認為結果不一定符合個人的預期，且可能每次都不相同，但程序是比較持久及穩定的，除非程序做了修改，否則大家仍要遵守。程序正義給予組織穩定性及可預測性，亦是成員所期望的組織生活。

美國職場的調查顯示（Colquitt *et al.*, 2009），5,000 名被訪者中有 36% 稱曾遭上司或同事長期的敵意行為對待（即，一年內至少每週一次）。這些行為對員工有何影響？一項針對員工互動跟情緒關係的研究發現（Tepper, 2000; Tepper *et al.*, 2008），凌虐督導（abusive supervision）所產生的負面經驗對員工情緒的壞影響，是正面的經驗所產生的影響的五倍，同時員工受到不尊重及不禮貌的對待多過被尊重及以禮相待。人際正義不一定發生在管理人跟員工之間的關係上，員工之間亦會發生這類不正義，職場的霸凌行為即屬之（見下文）。其他的職場因素，包括員工對工作的個人控制力的高低、技術發展、工作數量、薪資及擢升機會等方面，都跟正義與工作滿足有密切的關連。

◈◈ 組織承擔

組織承擔（organizational commitment）是愈來愈受到關注的組織行為，[7]擁有該行為的成員對組織有強烈的歸屬感，繼續成為組織成員的意向相當明顯，願意繼續留在組織之內為組織打拼；沒有承擔的則會自願地離去，組織承擔低的成員會在工作時態度被動及常有退避閃躲的動作。歸屬感是承擔的部分，但不能將組織承擔等同於歸屬感。回顧歷史，《組織人》（*The Organization Man*）（Whyte, 1956）這部經典就以歸屬感來論述組織承擔：組織人是為組織工作及自覺屬於組織，並且堅信組織是自己的最終歸屬，組織是自己的支援及創意的來源。重要的是，個人對組織承擔愈高，對組織及個

---

7 （Allen & Meyer, 1990; Becker, 1960; Benkhoff, 1997; Cullen *et al.*, 2003; Curry *et al.*, 1986; Klein *et al.*, 2009; Lum *et al.*, 1998; Luthans *et al.*, 1985; Mathieu & Zajac, 1990; Mowday *et al.*, 1979; Meyer, 2009; Meyer & Allen, 1991, 1997; Meyer & Herscovitch, 2001; Meyer, 2009; Oz, 2001; Sims & Kroeck, 1994; Steers, 1977）。

人都愈好。往後的討論（Randall, 1987）都多從個人對組織的歸屬上著墨，視組織承擔有三大元素：一，個人非常認同及接納組織的目標；二，個人為組織赴湯蹈火，甘之如飴；三，個人有強烈意願長期成為組織一員。組織承擔愈強的人愈會遵從組織規範做事。

近年的研究（Meyer & Allen, 1991, 1997; Meyer et al., 2002）視組織承擔包含了聯繫（bonding）及導致聯繫的力量。依一個定義（Meyer & Allen, 1991: 39），組織承擔是指一種將個人聯繫到組織（及其目標）的內部力量，這個力量同時將個人重要的行為聯繫到組織目標上。這個內部力量指的是個人自覺的心態（mindset），內容包括感情承擔、義務承擔及成本承擔。不難發現，不同的心態都對個人跟組織的關係具何種品質，或會衍生什麼的行為有重要的關連。

◇ 三類承擔

情感式承擔的員工對組織有情感聯繫。在行為表現上，員工通常會為組織的利益赴湯蹈火，及自願及主動地為組織做額外的工作，執行額外任務時不是為了博取上級好感，暗地裡卻期望獲得組織的回報；他們樂意協助同事解決問題，為公司做義務宣傳及做其他的超義務行為等（Mowday, Steers, & Porter, 1979）。研究發現（Meyer et al., 2002）[8]，感情承擔跟員工的超義務行為有頗強的相關性。員工與同事之間情誼的深淺，跟員工對組織的情感承擔有密切的關連。與同事的感情聯繫愈多或愈深的員工，愈容易繼續留在組織為組織打拼；相比之下，與同事的感情愈疏離的員工，愈容易稍有不滿就離開組織。

義務型承擔的性質，亦可以從員工以何種理由決定去留組織來瞭解。當員工要離開組織時會感到內疚或羞愧時，維繫員工與組織之間的是義務承擔：員工感到有義務留在組織內，不離開是義之所在。這種感受可能來自員工本人的工作倫理，亦可能源自組織文化，亦可能來自員工跟經理及東主有彼此同意的倫理契約。另外的原因可能是，組織令員工感到組織對自己有

---

8 一項對 22 個組織研究（樣本總數 6,000）的後設分析。

恩，包括在自己身上的投入培訓及獲得拔擢等。員工感恩而有所回報，離開組織等如有恩不報，對公司有所虧欠。再者，公司若樂於做慈善事業亦會令員工對組織有義務型承擔。經常做善事的公司會有好的社會聲譽，在社會上樹立良好形象，同時可以吸引優秀人才。現職的員工會對公司產生尊敬及好感，對成為公司一員具有榮譽感，因而發展出義務承擔。

當員工純粹以成本考慮去留時，員工的組織承擔是**成本型的**：決定留在組織的理由是留任比去職的好處多，或決定離開的理由是去比留的利益大。成本包括金錢、利益、機會。有兩個因素增加員工對組織的成本型承擔。一、員工在能勝任工作前，組織為其投入的培訓成本愈高，則其留在組織的機會愈高，反之則離開的機會較高。二、若員工找到另一份新差事的機會愈低時，離開的機會愈低。從行為如何識別這類型的員工？員工依章辦事，肯定不會做超義務的工作，工作時斤斤計較，做事消極及被動，缺乏熱情，與人交往以得失算計為重，跟同事之間的關係純屬工具性，鮮有真實情誼。以下的量表可更具體展示承擔的內容：

表3.2　組織承擔量表
感情式承擔
我會樂於將餘下的職涯在這個組織之內度過。 我樂於跟外人討論我的組織。 我真正認為組織的問題就是我的問題。 我認為我很容易將這個組織的連結跟另一個組織做連結。 我在這個組織內沒有像家庭一員之感覺。（R） 我感受不到跟這個組織有情感連結／依附。（R） 組織對我來說有重大的個人意義。 我感受不到對組織有強的歸屬感。（R）
規範式承擔
我不認為有義務繼續留任於組織。（R） 就算對我有利，我不認為現時離開組織是對的。 若現時離開組織我會感到愧疚。 組織值得我對其忠誠。

表3.2　組織承擔量表（續）
我現時不會離開組織，因為我對組織內的人有義務。 我對組織有很多的虧欠。
持續式承擔
（大犧牲） 若我在沒有找到工作時辭職，我不怕將會發生的事。（R） 就算我想，現時離職對我來說是很困難的。 若我決定要離職，我的生活很大部分會受到干擾。 現時離開組織對我來說代價不很高。（R） （無其他選擇） 現時留在組織內既是必要亦是我想的。 令我考慮離開組織的其他選擇太少。 離開組織少數嚴重後果之一是我的選擇很少。 我繼續留在組織的最重要理由是離開它我要付出頗大的犧牲，另一個組織不一定能提供跟它同樣的整體福利。
有（R）標示的項目是倒過來評分的。 評分是 7 點 Likert 量表：1= 非常不同意；7= 非常同意。

資料來源：（Meyer & Allen, 1997: 118-119）。

◇ 組織承擔的重要性

　　組織承擔是對組織有利的。研究發現（Mathieu & Zajac, 1990; Randall, 1990），承擔跟員工的工作滿足感有強的相關性，並與離職的意向及離職情況是相關的。同時，組織承擔亦跟工作有好的表現及出席率具相關性，而與拖拉延誤的工作表現成負相關（Mathieu & Zajac, 1990; Randall, 1990; Tett & Meyer, 1993）。缺乏情感承擔會不利於健康，包括不安、憂鬱、壓力感、擾亂工作以外的生活，及體力透支等狀況。缺乏組織承擔的員工經常忘記出席會議、做事拖拉誤期、不時請假、故意拖長小休時間、蹺班、經常做白日夢、兼職賺外快、假裝忙碌工作、工作時間偷偷在網路上玩樂等不當行為，而極端的會辭職（Hulin et al., 1985; Lim, 2002; Griffeth et al., 1999）。一份調查（Hulin, 1991）發現有七成員工沒有全心全意工作，上班時間人在心不在（warm-chair attrition），在崗上神遊。另一研究（Hulin *et al.*, 1985）用了 2 年時間將員工的工作所耗費的時間記錄下來，發現只有約 51% 時間用於工作上，其餘時間浪費在開會延遲、提早下班、過長的小休、處理私人事情等上。

◈ 損害組織承擔的因素

有四個因素會左右員工對組織的承擔：一，員工是否感受到組織支援（perceived organizational support）；二，員工是否感受到組織正義（organizational justice）；三，員工個人與組織是否匹配（person-organization fit）；四，員工是否感受到組織信守不成文的心理契約（psychological contract fulfillment）等。

當員工感受到組織能滿足他們的社會經濟需求及珍惜他們的付出及貢獻時，會認為組織給予他們所需的組織支援。而當員工將這些支援解讀為組織對員工的承擔，亦會以承擔回報組織。組織正義跟組織承擔有很大的關連，組織在日常的營運及重大變革時是否能公平正義，都與員工的權益有密切關係。組織無論在分配、程序、互動正義，都會影響員工對組織的承擔。

個人與組織的匹配性是指員工的個人價值及信念跟組織的價值及信念的一致性的狀況，匹配愈強愈容易產生組織承擔；對照之下，員工的想法或價值跟組織若存在不一致則會有相反的表現。若組織經歷巨大變化，如在收購合併或大型的組織變革的期間，若導致組織要改變其核心價值及信念的話，則會減低員工與組織之間的匹配性，不利於組織承擔。匹配性對組織在吸引人才、挑選人才都起積極作用，而缺乏匹配性亦可用來說明員工為何離職。

員工跟組織的關係，除了受成文的正式法律契約所規範外，還受制於不成文的隱性心理契約（psychological contract），這種契約代表雙方彼此對待的倫理期望。一般而言，員工若感受到組織能滿足其心理契約的期望會加強其組織承擔，反之則會削弱承擔。心理契約有兩種：關係型契約及交易型契約。關係型契約屬於長線契約，隱含相互照顧及支持的承諾，契約令員工跟組織有更穩定的關係。在變化較少的年代，組織可能更容易跟成員建立關係型契約，但當競爭激烈迫使公司要有更大的彈性及效率時，公司為了生存可能要大幅裁員、減薪或加重員工的工作量等，這些動作會被員工解讀為有意違反關係型契約。由於契約建基在信任及回報上，這種違反可能會減低員工對公司的承擔。在經濟不景氣及不確定年代，倒閉關廠成為常態，關係型契約難以為繼，代之而起的是短線的交易型契約，員工跟公司的關係純屬工具性，甚至近乎單次的買賣行為，各自為了眼前利益，全無深厚的關係可言。在以交易型契約為主的職場內（Meyer, 2009），員工長期為職位朝不保夕而憂心，對公司產生猜疑，職場彌漫著負面及不信任情緒。這些環境是不會產生組織承擔的。

◈ 組織超義務行為

　　組織都希望員工會全心全意投入工作、遵守紀律規範、認同組織價值及目標、協助組織成長及發展、為組織增值、提高生產力、為組織帶來好聲譽等。若大部分員工都有這些優良表現確實是組織之福，有些優良組織的員工不單如此，同時還兼備有其他更為珍貴的行為，管理學者稱之為「組織公民行為」（organizational citizenship behavior）。表現這類行為的員工不單將自己份內（勞務契約規定的）工作做好，同時還會自願及無償地做契約之外對組織有利的行為。由於這類行為超越契約所定的義務，筆者認為「組織公民行為」這個從英文逐字直譯的名詞未能精簡地傳遞其真義，用「超義務行為」更為貼切。

　　超義務行為目的不是為了博取組織的獎賞或獲得實際利益，但行為的結果卻對組織有利，包括提升職場的合作氛圍及生產力，或令組織更有競爭力（Colquitt *et al.*, 2009: 43-46）。做出超義務行為的員工（簡稱超義務員工）經常展示以下的行為：自願在其指定的責任之外，幫助工作上遇到難題的同事；為同事加油打氣及提供有用的支援；提供新進員工入門所需的指導，分擔同事繁重的工作，做中間人引介新同事認識其他同事；將跟工作相關的資訊傳遞給同事，令同事能掌握足夠的資訊來有效完成工作；自告奮勇地執行別人不願執行的困難工作；經常任勞任怨地完成吃力不討好的差事等。

超義務員工經常保持積極的態度，就算遇到麻煩的差事亦會樂觀地面對或積極地將差事完成；他們不會輕易怨東怨西，或經常投訴這投訴那，總是有一股把事情處理好的熱情與堅持。具備超義務行為的員工會勇於針對問題發言及提出有建設性的意見；敢指出組織的弊病（規則、政策、傳統、習慣），不護短、不包庇、不同流合污、不閃避，並提出改善。此外，他們積極自動參與組織活動及會議，瞭解組織實況，掌握影響組織的外部因素的訊息。對外則擔當組織的宣傳志工，扮演組織的啦啦隊，忠實地陳述但不誇大吹噓公司優點，讓社會更具體瞭解組織，提升組織的形象。以下是測量組織超義務行為的量表：

表3.3　組織超義務行為
利他行為（altruism）
協助工作量大的同仁。 經常對周邊的同仁給予援手。 協助缺席的同仁。 願意協助有工作困難的同仁。 就算不是份內的事，協助新人熟悉環境。
盡忠職守（conscientiousness）
組織內最盡忠職守的員工之一。 相信每天賺取的都是每天誠實付出的。 展現超過正常對工作的專注細心。 不做額外的小休。 獨處時仍遵守公司的規則。
運動員精神（sportsmanship）
經常抱怨。 花很多時間對無關宏旨的瑣事抱怨。 容易小事作大。 經常集中錯的地方，而不是正面的。 經常找組織的瑕疵。

表3.3　組織超義務行為（續）
禮儀（courtesy）
避免為同仁製造麻煩。 考慮自己的行為對同仁的影響。 不會侵犯他人的權利。 採取步驟避免跟同仁發生問題。 小心自己的行為會影響他人工作。
文明行為（civic virtue）
掌握公司最新的發展狀況。 出席不是規定，但重要的會議。 參與不是規定要參加，但對公司形象有助的公司活動。 閱讀及知悉組織的公告、通訊等。

資料來源：（Podsakoff *et al.*, 1990: 121, table 5）。

◎ 超義務行為之效應

　　不管是哪一個產業，哪一類工作，超義務行為對組織都會帶來不少實質的好處（Podsakoff *et al.*, 2000, 2009; Koys, 2001）。以下是一些證據：一項在製紙廠做的研究顯示（Podsakoff *et al.*, 1997），在產品的量及質方面而言，有這類員工人數更多的生產小組的表現，都優勝於這類員工數量少的生產小組。研究（Bolino *et al.*, 2002）亦發現，超義務行為有助於創造有利於組織成員互信的社會資本。

◈ 組織信任

　　組織信任是指組織內部成員之間的信任，包括下屬對上司及同事之間的信任（Mayer *et al.*, 1995）。下屬對上司的信任是下屬對上司的意向、行為或能力的主觀信念，即，下屬相信上司會在某一情況下有多大的機率做出某些行為或決定，或在某種狀況下會有什麼的意向，或展示什麼的能力等。上司對下屬的信任亦指同類的東西。這種就對方意向能力及行為的信念亦會出現在同事之間的信任上。主觀信念不一定能反映真實，因此會導致錯誤的判斷。這樣，信任人與被信任人之間就存在著某種容易受到傷害或損失的風險。若被信任人未有做出如信任人所信的行為，或沒有具備被信任的能力或意向時，信任人就會因這錯誤而蒙受損失或受到傷害。因此，信任關係伴隨著信任人受到傷害或損失的潛在風險。對上司的信任會帶給下屬容易受到傷害的風險，上司對下屬的信任亦然。若信任人自覺到這個風險而信任，表示信任人願意承擔這個風險；不自覺風險的人則將自己置於潛在的不自願的風險之中。依這個定義，信任的對象可以是特定的個人，包括同事、上司或下屬。信任的對象亦可以是信任人所屬的團隊、單位、部門及整個組織本身。這是組織信任的第一義。若將信任的對象推廣，把組織外部的人或組織都納入為信任的範圍，組織信任可以包括供應商、買家、顧客、社區民眾及政府等。例如，公司甲的經理可以對供應商乙的經理存在信任的關係；或供應商丙的執行長對公司丁的董事會有信任。

就組織內部的上下關係而言，如何建立及維繫上下的相互信任至為重要。下屬之所以信任上司，自然是基於上司過往的歷史及言行。此外，上司的能力及人格亦是信任的因素。上司是否具備其角色所應具備的態度、能力及專業，是員工信任上司是否能成功完成任務的要件，這些任務包括有效管理、員工遇到難題時能提供及時及有用的支援、協助解決問題、公平及客觀地做績效評鑑、公平地執行工作分配及調動、及執行獎懲政策等。上司的品德亦是信任的基礎。具備公正、正直、誠實、言行一致、有責任感、敢擔當、與人為善等品德會增加下屬的信任。為人偏頗、主觀、欺瞞、奸狡、假公濟私、口是心非、言行分家、推卸負責、媚上欺下、乘人之惡等惡質，會削弱下屬的信任。人們彼此的感情聯繫亦是信任的基礎。上司與下屬、同事之間是否彼此喜歡亦是互信的重要指標。

信任關係是否穩固及可靠，會受到其他的因素影響。有誠信的人容易受到他人的信任，認為對方不會做出不義之舉。一家恪守商業倫理的公司會得到內部員工或外部利害關係人（顧客、供應商、社區居民或政府）的信任，理由是公司具備值得信任（trustworthiness）的品德，會正派經營，包括嚴守承諾，不會做包括弄虛作假、損害客人及社會公德等之敗行。若公司所作所為一直能達到員工及客人的預期，證實了他們的主觀信念，信任關係會愈加穩固。以下是組織信任的量表：

表3.4　組織信任量表（簡化版）
這個組織的人在談判時是講真話的。
此人遵守本部經協議過的義務。
這個人是可靠的。
在這個組織的人是騎在別人頭上向上升的。（倒扣分數）
此人是要支配人的。（倒扣分數）
此人會利用我們的問題佔便宜。（倒扣分數）
此人誠實地談判。
此人說話算數。
此人不會誤導我們。
此人會背離承擔。（倒扣分數）
此人會公平地商議共同願景。
此人會對易受傷害的人佔便宜。（倒扣分數）

資料來源：Cummings & Bromiley, 1996, Organizational Trust Inventory (OTI)，文字經作者稍做改動。

人們彼此信任是天性使然還是後天造成的？這個大問題並不是本書可以回答的。但我們有理由相信，先天及後天因素都對人們彼此的互信有影響。人們能產生互相信任應是由基因及環境兩者互動的結果。若父母親都有不信任他人的性向，子女可能遺傳了這個性向，或在成長中受到這種不信任他人的性向所薰陶。依發展心理學，人們嬰兒期的經驗會影響日後成人的信任性向。信任他人可能是人最早發展的特質之一，因為他們必須快速學會信任父母親能滿足他們的需求。嬰兒的需求愈能滿足，長大後會容易信任他人；反之，需求愈未能得到滿足的嬰兒長大後會較對他人不信任（Colquitt *et al.*, 2009: 221）。個人在成長的過程中，在各種環境包括學校、社區、職場、政府或其他的組織，或跟其他人的互動，都會影響人們對他人的信任。國家的體制及實況會對國民是否信任他人有影響。世界價值研究小組（World Value Study Group）發現（Johnson & Cullen, 2002），不同國家的國民信任他人的情況有很大差異。從 45 個不同社會蒐集的 9 萬個樣本中發現，不同國家國民信任他人程度是很不相同的。

組織的陰暗元素

除了上述有利於組織的行為外，組織經常出現陰暗元素，不利生產，破壞員工合作的因素或行為，對組織帶來很多傷害（Neilson, 1989）。10 多年前《華爾街日報》（*The Wall Street Journal*）一週內刊登的文章中，有 196 篇有關違反多種商業道德行為，包括：偷竊、說謊、欺騙、利益衝突、賄賂、回扣、隱瞞訊息、不當的透露個人保密資料、作弊、自甘墮落、工作馬虎、侵犯他人、無禮、用粗言罵人、歧視、粗暴待人、犯規、作惡共犯、縱容不倫理或違規行為。除了個人惡行外，組織惡行，包括習慣性對成員不公平，如不公平的薪資、上級濫權、欺凌下級等（Cherrington & Cherrington, 1992）。《華爾街日報》所報導的是美國企業常見的組織敗行的冰山一角，但不要以為這純是美國現象，其他文化出現類似的情況亦相當普遍。當然文化差異所造成的壞事不盡相同，但重疊的地方肯定很多。雖然如此，東方社會的組織不義應有其文化烙印，東方式的組織腐敗應有其特色（見第八章：臺灣中小學校長學生營養午餐採購舞弊案、日本奧林巴斯（Olympus）隱瞞財務虧損弊案、中國山西省呂梁集體貪腐案）。東方社會的集體主義文化，權力差距大、崇尚權威、論資排輩、過重和諧、太講關係、重情輕法、裙帶關係、鄉愿習性等文化特性，造就了具東方特色的腐敗因子。組織的陰暗元素，常見的幾類包括：職場詐欺、組織脫軌、組織政治及組織腐敗。

◈ 組織詐欺

根據註冊詐欺檢查師協會（Association of Certified Fraud Examiners）的 2014 年報（ACFE, 2014），組織詐欺（fraud）占公司每年營收約 5%，將這個數字轉換到 2013 年的全球生產淨值（Gross World Productivity）計算，全球欺詐損失（global fraud loss）可能達 37 兆美元。被調查的組織損失中位數是 14 萬 5 千美元，其中 22% 的損失是百萬元。這裡指的欺詐包括了偷竊組織財物、貪污及財務欺詐三類。另一個有關偷竊公司財物的調查（Hollinger & Langton, 2005），發現有接近四分之三的員工有偷竊組織財物的行為，帶來組織嚴重的財物損失。該調查發現，員工偷竊導致組織庫存約 47% 的損失，這類行為造成每年有 146 億美元的損失。欺詐就是不誠實，不誠實就是不倫理，倫理不佳會令組織付出沉重的代價，系統性的詐欺是組織及社會道德淪喪的警訊。

臺灣本土的組織詐欺相當普遍，透滲到社會各層面，從政治、司法、政府、醫界、學界、商業都無一倖免，臺灣可說是詐欺的重災區。在一些產業，如食品業已經達致體制性詐欺層次。就以近年數宗大型的食品詐欺弊案為例，由塑化劑到官司仍在審理中的頂新混油案，都突顯出主謀者蓄意詐欺的不誠實行為，涉及串謀者及眾多的隱瞞者，詐欺已從個人的欺瞞延伸到集體的欺瞞，供應鏈利害關係人的道德亦備受質疑。撇開包括頂新集團混油這宗駭人聽聞的食品詐欺大案不談，單就以下的一宗中型的詐欺案，就可見詐欺之害。強冠公司出產的全統香豬油，被揭發是將餿水回收油摻進豬油而製成的。強冠豬油是 230 家上游供應商、加工製造商及餐飲店使用的油品，其中包括味全、F- 美食（85 度 C）等名店的產品都使用這些豬油。另外，下游業者包括臺北犁記、八方雲集、臺中北屯的太陽堂等名店，總數合計超過千餘家的 130 項產品都含有此豬油；此外，委託強冠生產的另一品牌合將香豬油亦分銷到 16 個縣市 390 多家餐飲店；而工研整合行銷公司委託強冠生產的油品亦銷售到接近 500 家小吃攤，詐欺行為的受害範圍很廣，被騙的下游業者及消費者人數眾多。這只是宗中型弊案，其震撼性當然比不上如大統油及頂新的大型詐欺案，但禍害面的深遠令人怵目驚心。

近年小型食品詐欺的弊案更是數不勝數。食品業習騙為常，成就了食品業的體制性詐欺，留得歷史罵名。令人憂心的是，詐欺並不只限於唯利是圖的業界，其他的領域都是詐欺重災區，學界研究經費的假發票案、醫界的欺詐弊案、政界的欺瞞騙案，都是稀鬆平常之事，詐欺持續不絕，社會成本昂貴。不單如此，組織要為詐欺賠上一筆巨大的隱藏成本（*Cialdini et al.,*

2004），首當其衝的是組織社會聲譽的敗壞，甚至招惹官司，訴訟不絕。頂新案就是極佳的例子，頂新的無良經營不單立即受到股民的懲罰，股票狂跌，同時引發百姓之怒，發起滅頂運動，全面抵制頂新產品，連一向聲譽極佳被頂新購併的味全亦受到波及，產品受到拒買，銷路大幅下滑，危及公司存亡，直接受害者是無辜的味全員工。的確，組織詐欺的另一受害社群是員工，除了直接參與欺瞞的少數外，大部分無辜的員工都會受到連累，且會對組織失去信心，士氣滑落，工作滿意感銳減，或另謀他去。再者，詐欺的另一成本是組織會加強監督，因而會影響員工感到組織對他們的不信任，而監督除了加重成本外，還會導致組織內員工與管理層的互信降低。

◈ 組織脫軌

組織脫軌是指一些不利於生產、脫軌或偏差行為。[9] 除了偷竊公司財物外，常見的妨礙或破壞生產的偏差行為還有：

一、損害組織的財產：蓄意損壞組織的器材、儀器、設施、工序或產品。這種行為很普遍，例如，餐飲業內的破壞行為就占總營收的 2 到 3%。調查發現（Hollweg, 2003），有 31% 員工表示明知食品沒有烹調好仍端給客人用、有 13% 蓄意妨礙工作時間、有 12% 承認有心污染在烹調的食物或客人點的食物。

二、生產過程中的脫序行為：在生產過程中有心製造不必要的材料或物資的浪費，故意拖長工作時間，次數太多的休息，或休息時間過長，均屬於破壞生產的偏差行為。

三、人際關係偏差行為：蓄意令同事在眾人面前難堪，或在工作時製造困難，在同事之間搬弄是非或誹謗，導致受害人精神上的壓力或情緒不安，有損團隊合作及和諧。

9　見（Carroll, 1978; Griffeth *et al.*, 1999; Giacalone & Promislo, 2013; Lawrence & Robinson, 2007; Lim, 2002）

　　另一種常見的劣行是粗暴無禮對待同事，包括粗言穢語、舉止粗野不雅、或侮辱、惡罵、嘲諷，令受害人身心受損。還有，職場內廣泛地出現經常性的偷窺行為，不受歡迎的肢體碰觸、黃腔黃調、色情舉動及情色的塗鴉（PBS,1996）。再者是語言暴力，甚至暴力攻擊，造成受害者身體受傷。性騷擾（sexual harassment）雖逐漸受到社會關注，但不少組織卻對之姑息放縱、掉以輕心，最後付出沉重的代價。1998 年，三菱汽車公司在美國伊利諾州發生的一宗職場性騷擾官司（Business & Human Rights; EEOC, 2001），涉及多起女員工長期受到性騷擾，但公司卻未有妥善處理事件，法院裁定公司管理不善，令職場頻生性騷擾而置諸不理，判罰 3,400 萬美元鉅款，公司聲名因此受到嚴重損害。

　　除了員工對員工的不義之舉外，組織也會不當地對待員工，姑且稱之為組織不義之行。組織之不義之行有幾種，第一類涉及員工的付出與收獲失衡（見上文組織正義）：回報低於員工的努力是令員工產生不平之感及怨恨之心；損害他們的工作滿足感，滿足感缺乏工作自然效率低（Siegrist *et al.*, 2004; Taris *et al.*, 2002）。第二類是組織違背承諾：員工與組織存在某種隱性的心理契約（Rousseau, 1995; Sutton & Griffin, 2004; Conway & Briner, 2002, 2005, 2009），這類契約是員工跟組織彼此不成文的期望，包含著相互的回報，若回報未有實現或不如期望，員工便會對組織產生猜疑及疏離，損害互信及合作。組織若被視為破壞了承諾，會降低員工的工作滿足。研究發現（Conway & Briner, 2002, 2005），員工視公司有遵守承諾跟他們的整體工作滿足感有強的相關性。另外的研究揭示（Sutton & Griffin, 2004），公司在工作要求上及處理人事方面若被視為不守承諾的話，員工的工作滿足感是低落的。

◈ 組織政治

　　權力的運用若超出認可的法規及倫理的規範，會造成傷害及不義。組織政治（organizational politics）就是為私損公的權力越軌。根據研究（Gibson, 2003; Schermerhorn, 2004; Nelson & Quick, 2009），組織政治有 3 個特性：

一、相關的行為通常出現在具正當性及被認可的權力範圍之外。

二、這些行為的目的是為了滿足個人或個別單位的利益，卻有損其他人或其他單位，甚至組織的利益。

三、這些行為的最終目標是蓄意的掠奪，或自覺地追逐、或維護個人、或小圈子權力及影響力。

常見的組織政治行為包括：攻擊、污衊、醜化、抹黑對手；名公實私：在公開的組織目的內隱藏個人私利；操縱訊息以圖利或奪取優勢；刻意經營人脈：用浮譽、取悅、濫施小恩小惠來拉攏人心；拉幫結派、結黨營私、奉承權貴；利益交換、耍賴卸責等。總之，組織政治都跟結黨營私、假公濟私的惡行扯上關係。組織必含有權力的運用，組織規範界定了權力的適用範圍，正當的權力運用並不屬於組織政治。[10]

有一類常見的政治行為目的是為了自保，這類行為包括以「不變應萬變」為藉口掩飾不作為、推諉責任、裝笨扮蠢；用虛張聲勢、託辭、誤陳來逃避責備；尋找代罪羔羊；以抗拒來逃避改變。另一類流行的政治行為是積極的自我包裝，刻意形塑個人形象，博取同事及上司的好感。包裝者用言語或非言語方式刻意表現自己，跟人互動時，經常微笑、眼神接觸、談吐得體、舉止有禮、服從及配合，對上司的意見百般支持，為他人做額外的差事、誇讚他人、高度合群等。這些表面好看的行為隱藏著私心，目的在博取上司的賞識及信任；或與同事打好人脈，累積個人政治資本，增加個人升遷的機會；或爭取他人的支持；或增加對他人的影響力，掠奪更多的利益。一言之，這些行為都是機關算盡、百般虛矯、用心不良、自私自利的。

組織政治經常以不同形式出現，很難避免，難以禁絕。在某些情況下，組織政治行為會特別活躍。[11] 例如，當組織目標不明確、位高者弄權或互相爭權、重大的人事變翼、組織身陷重大弊案、權責不清、工作評鑑準則不明、組織進行大型改組、組織前途不確定、產業大衰退或經濟不景氣時，組

---

10 請參考第二章組織生態有關權力的分析。

11 見（Nelson & Quick, 2009: 374; Colquitt et al., 2009: 451）。

織政治活動會增加及異常活躍。若組織能適時做出快速及適當的反應，政治活動會受到控制。歸根究底，組織政治多屬見不得光的動作，潛藏在陰暗面進行的權力傾軋與爭鬥，經常涉及個人恩怨情仇、私慾、報復、妒忌、互揭隱私、卑鄙下流手段等，滋生數不清的破壞性情緒及行為、製造互相敵視的組織氣氛、挑起猜疑、製造永無休止的內鬥內耗、損害互信、破壞團結合作，對組織為害至深。為了組織的健康，組織應嚴肅對待組織政治，做有效的防範及管控。

◇◇ 組織腐敗

就組織倫理而言，應做的行為則是符合組織利益及社會公益的行為；而不應做的行為則是違反組織利益及社會利益的行為。這裡所指的組織利益是指其依正當目標及手法而達到的利益，即有正當性的利益（legitimate interests），而有正當性的利益則是能用合理的道德理由來支持的（justifiable by reasonable morality）。值得注意的是，凡具備道德正當性的組織利益，原則上跟社會合理的利益相容及一致的；缺乏正當性的利益跟其社會公益是互相矛盾的。組織若做出有害社會利益的行為則是行為不義，組織人若不問是非參與其中就是做不應做之事，是不義行為之共犯。另一方面，參與不義之行的組織人若是知情卻無所作為（如阻止、舉報）亦是犯了無作為的不義。

反之，若組織人認識行為的不當，不參與組織不義之事，組織人是做了應做的事，雖然可能違反了組織的命令及可能面對懲罰的處分，但在道德上，這類面對不義而不參與（不作為）是對的。若組織人的行為不止於此，還積極向有關當局舉報不義之行（即做應做的事），其行為在道德上更是可嘉許的。

換言之，當組織行不義時，不參與其中是做對了事，下一個對的做法是在若情況容許下（即在實際上沒有受到威脅及危險，及掌握了證據，及投訴有門等）舉報弊案；但若組織人在容許的情況之下只停留在不參與的階段而未有採取進一步的行為，是未能履行其組織及社會責任，只算是成就了小義，未能完成大義。另一方面，組織若在做對的事，組織人應做的事是要全力以赴參與其中，努力輔助組織目標的達成；而不應做的行為如怠惰散慢、輕忽職守、敷衍塞責、尸位素餐、偷工減料等。綜合言之，組織人應做符合社會利益的組織任命之事，而不應為了組織利益而損害社會利益。組織人應以組織具正當性的利益而行為，而不應滿足其缺乏正當性的利益。

◈ 腐敗組織與腐敗人組織

腐敗組織是指經常做出腐敗行為的組織（Meyer & Zucker, 1989），但組織內的腐敗過程及腐敗人的構成，可以導致不同型態的腐敗組織。近年組織研究（Pinto *et al.*, 2008）將組織腐敗分成兩種：腐敗組織（corrupt organization）及腐敗人組織（organization of corrupt individuals），它們分別具有不同的特質，及對組織產生不同的影響。

腐敗可從誰是獲益者及參與腐敗的人數做瞭解。首先，腐敗的獲利者是個人還是組織？其次，腐敗是由一人所為？還是一群人所為？若獲利者是個人，應是腐敗個案，不屬組織性的腐敗。若獲益者是整個組織，就屬組織性腐敗：腐敗行為是由組織性行為所促成的。就人數而言，一人腐敗乃個人腐敗不是組織腐敗，若兩人以上的群體性腐敗則屬組織性腐敗。由此觀之，一個正派不腐敗的組織可能會出現腐敗的個人；而在腐敗組織中亦有未參與腐敗活動的個人，同理，在腐敗人組織內亦有不腐敗的個人。此外，仍有兩個重要面向來瞭解腐敗。

一、誰是腐敗的直接及首要的獲益者？第一類獲利者是個別的組織人：腐敗者為了個人私利而做出腐敗行為，包括挪用公款、受賄、造假帳、虛報開支等而獲益；第二類的獲利者是組織，組織成員為了組織利益而做出腐敗行為：商業犯罪、企業行賄、官商勾結、生產及行銷有害產品或服務、污染環境等。

二、腐敗是否涉及組織成員合謀活動？企業犯罪或組織犯罪，指組織成員彼此有默契集體進行腐敗行為，可能涉及組織最高層至最低層成員（與腐敗有關的案例，參考第八章的兩案例：臺灣中小學校長學生營養午餐採購舞弊案及中國山西省呂梁集體貪腐案）。

　　如上文所言，組織腐敗有兩種：

一、腐敗人組織的腐敗現象由下而上形成，並具有以下的特點：(1) 少數組織成員的腐敗行為經由組織活動令其他成員受到感染而參與腐敗行為，(2) 腐敗行為逐漸遍及組織，令其成為一個腐敗組織。管理良好的組織也可能偶然出現一、兩名腐敗成員，但若組織出現為數不少的腐敗成員時，表示組織已存在鼓勵及維繫腐敗之行為。

二、腐敗組織：一個由高層或位於主導位階的一群人，直接或經由下屬做出主要令組織受益的集體及協調性的腐敗行為的組織。腐敗行為的主要受益人及腐敗行為人都是組織，包括了負責做出這些行為的個體。當一個組織蓄意違法時，就是一個腐敗組織。但腐敗成員人數要達到多少才成為一個腐敗人組織？這裡沒有明確的分界，組織從有腐敗成員到變成腐敗人組織是一個過程。腐敗組織是一個由上而下的現象，上層影響下層做出腐敗行為。

　　不管是哪一種腐敗，組織通常經過成員的挑選及社化而將腐敗制度化。若組織輕忽誠信，或傾向於招募那些誠信不佳或人格有瑕疵的成員，便會助長腐敗人組織現象的出現。道德敗壞者會招幫結派，吸納同路人或利用社化手段將新人腐化。

　　依腐敗人組織及腐敗組織的區分，組織腐敗可分四類：一，全面腐敗組織（thoroughly corrupt organization）：有高度的腐敗人組織現象及腐敗組織現象同時出現，即，高層及其他成員都腐敗；二，全面有德組織（thoroughly ethical organization）：低度／無腐敗人組織現象及無腐敗組織現象出現，即，高層及成員都有德；三，周邊腐敗組織（peripherally corruption organization）：高度腐敗人組織現象但無腐敗組織現象，即，低層或外圍成員腐敗但高層不腐敗；四，偽善型腐敗組織（hypocritically corrupt organization）：有腐敗組織現象但低度腐敗人組織現象，即，外圍或低層員工不腐敗但高層表面正直但實質腐敗（見圖 3.1）。

倫理組織

腐敗組織（全盤腐敗） 有德組織

倫理組織－邊陲及核心倫理

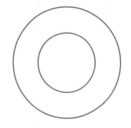

腐敗人組織－中央貪邊陲清

腐敗人組織－邊陲腐中央清

▲ 圖3.1　腐敗組織 vs. 腐敗人組織

關於腐敗人組織這個現象，可做進一步的觀察。依上述觀點，腐敗人組織的腐敗行為乃個人的單獨行為，但有些意見則認為成員合謀做出有損組織以圖私利的行為亦屬此類。究竟哪一類較為普遍，而令其足以代表腐敗人組織現象則有待更多的研究。另一個值得追問的問題是：若腐敗人組織乃個別成員的單獨腐敗行為，假定腐敗行為在組織內出現人傳人的感染，是否感染達到某一臨界值時，個別的單獨腐敗行為會變成一個組織性行為？在什麼條件之下，這些結集起來的個人的單獨腐敗行為會演變成組織的特性？依其特性，腐敗人組織現象是較為隱匿，而腐敗組織現象則較為外露，但當組織高層發現有任何一種腐敗現象而無作為，不做制止或懲處，就會令腐敗人認為高層縱容腐敗，導致腐敗現象擴散。不管是哪一種腐敗現象，若組織高層對腐敗不知情或知而縱容都會導致組織倫理衰敗，而情況若持續會令組織崩壞。整體性的組織腐敗嚴重會導致組織的快速死亡，不斷出現的單獨的腐敗行為亦會令組織凌遲而衰。因此，管理高層輕忽組織倫理，對腐敗掉以輕心，等於陷組織於不義。

4

組織倫理行為

本書的「倫理行為」（ethical behavior）一詞有兩個涵義。第一個涵義是指跟倫理有關的行為（ethics-relating behavior），以別於非倫理行為（non-ethical behavior）：跟倫理無關的行為。第二個是指屬於倫理行為範圍內之符合倫理準則的行為，以別於不倫理行為（違反倫理準則）（unethical behavior）。文內出現的倫理行為是屬第一義還是第二義，脈胳大致上可將之識別。不倫理行為似乎普遍存在於組織之內，有害於組織的生存與發展，應加強注意，因此，本章偏重於違反倫理的行為的探討。不倫理行為，又稱不道德行為、不當行為、敗德行為，不義之行、惡行、敗行等；而合乎倫理之行為則跟倫理行為、道德的行為、正確行為、義行、善行等是同義詞。近30年組織學對倫理行為的研究，企圖對不倫理行為找尋原因，粗略地可分為三類：爛蘋果論、爛桶子論及難解問題論等（見前章）。爛蘋果論主要是從行為人的內在因素來說明敗德行為；爛桶子論是訴諸組織環境來解讀惡行之出現；而難解問題則用問題涉及的道德強度的不同來分析不義之舉。此外，組織是一個社會關係網絡，關係對倫理行為的影響是不容低估的。

組織倫理行為及原因

組織內導致違反道德的行為原因很多，大致可分為三大類。[1] 第一類是關於行為者的個人因素，稱之為倫理行為的內因，包括了行為者的認知因素、個人道德信念、道德能力水平、倫理情感等因素。因敗德的個人做出不倫理行為（包含感染他人為惡）被稱為爛蘋果效應（bad apples effect）（Gino *et al*., 2009a; Gino *et al*., 2009b; Felps *et al*., 2006），如上所言，爛蘋果論主要是以壞人行惡做為說明組織倫理腐敗的主因。第二類是組織因素，包括職場壓力、組織文化、產業文化、社會氛圍等。將導致惡行的原因侷限在組織之內的說明，被稱為爛桶子論，它跟爛蘋果論成為說明或預測腐敗的主要論點。第三類原因是倫理行為所涉及的問題的道德強度。除此之外，組織

---

1 見（Treviño *et al*., 2006; Ford & Richardson, 1994; Jones, 1991; Loewenstein, 1996; O'Fallon & Butterfield, 2005; Stead *et al*., 1990）。

內的人際關係，配合個人或組織因素，在成員的倫理行為上都會發揮效用
（Brass *et al.*, 1998）。現代組織的複雜性，製造了不少內容模糊及難解的道
德問題，不明確的責任歸屬（Jackall, 1983; Luban *et al.*, 1992; Zyglidopoulos
& Fleming, 2008），令倫理問題及其解決更具挑戰性。

◈ 倫理行為的內因

　　倫理行為的內因是指行為人的個人因素。認知因素是指行為人對事件或
問題的認知及道德判斷。一般認為，人做了錯事主要由於錯誤的認知所致，
錯誤的道德判斷導致錯誤的道德行為。做道德判斷是一件複雜的活動，做判
斷時個人是自覺的，要考慮相關的事實，引用相關的倫理原則觀念做辨識、
分析、評量及判斷，因此會動用不少的認知資源，是費時及緩慢的。然而，
研究發現（Trevino & Youngblood, 1990），個人的道德認知跟道德行為的相
關性只有一般而已，並不如一般想像的密切。事實上，人們縱使可以對某一
事情或問題做出正確的道德判斷，卻不一定會引發相應的道德行為。知與行
之間存在的鴻構，是倫理學一個長期難解的問題。人們可以認同某一問題的
道德判斷是對的，但卻沒有引發相應的道德動機，因而無所作為。因此，單
靠道德認知不足以說明道德行為，必須加入道德動機等其他因素。

　　依一個主流的說法（Rest, 1986; Rest *et al.*, 1999），道德動機是指個人依
據其所接納的道德價值而做出道德行為，並為此行為的後果承擔負責的程
度。簡言之，道德動機可視為個人對行為的自覺的義務感。心理學家認為有
些人的道德行為是不用經過認知及可能涉及的倫理掙扎或張力，而是直接自
然地做出。這個代表直覺論的說法（Haidt, 2001; Reynolds, 2006, 2008）試圖
用無意識的直覺判斷連接認知到行為之間的鴻溝，實質上是將直覺視為一種
另類的道德動機。依直覺論，道德直覺其實是一種認知，只不過是即時、快
速、直接及不經思索的自動回應，直覺出現時，人的道德情緒（見下文）亦
會出現，因為兩者關係異常密切。

　　行為人的個人因素除了其道德認知及道德動機之外，道德身分或認同
（moral identity）也是道德行為的內在因素（Shao *et al.*, 2008）。個人認同的

道德價值所形成的道德自我或道德人格（品德），都會影響個人是否做出道德或不道德的行為，因此跟道德行為很有關連。個人會傾向做與自己人格特質一致的判斷，或容易引發跟自己品德一致的行為。可以這樣猜想，若其他因素都一樣的話，品德高尚的人一般會做出符合道德的行為，品德低劣的人經常會做出缺德行為。這時品德與行為之間可以有認知判斷或沒有認知判斷，包括由品德所構成的道德自我，因此可視為道德行為的動因。個人在組織內，除了道德身分外，還有組織身分（organizational identity），即個人認同組織價值而形成的組織自我，而組織身分會對其道德行為有重要的影響。[2]換言之，當個人以組織身分行事時，其組織以外的身分（extra-organizational identity）或會被壓抑、或會隱晦不彰、或會被組織身分所取而代之，而做出一些個人在組織之外不一定會做的事，包括不道德的行為。這兩種身分會造成個人擁有兩組人格：組織人格與個人人格。許多時，個人在家中或朋友間不會做的行為，在組織內卻會經常出現。

個人的自我身分（self-identity）包含多個元素，人可以有多重身分並存在於自我之內。例如，個人若加入組織就起碼有雙重身分：組織身分及前組織身分（含道德身分）；這兩個身分之間可能相容無間，但亦可能彼此衝突，或長時期處於緊張狀態，不能和諧共處。例如，組織身分容許的行為，道德身分可能會予以禁止或對之有所保留；前者認為是對的事，後者可會判定為錯的。「我是誰？」「我是道德的人嗎？」兩個問題各有不同的答案。前者的答案是一個整體的自我的內容，後者的答案是道德自我（身分）的內容；前者是全部的自我，後者是部分的自我；全部自我與部分自我是否融和一致，或自我之內的部分與部分之間是否和諧一致取決於各部分的內容，且因人而異，個人的成長背景、教育、經歷、參加過的組織、或現處的狀況等，都是相關的因素。

個人的道德信念（moral beliefs），心中接納的對錯是非標準，都跟道德行為有關連。一般而言，有道德理念的人比較容易做符合倫理的事，例如，具道德理想的人（moral idealist）、或相信道德原則、或道德義務的人（de-

---

2　見（Albert *et al.*, 2000; Ashforth *et al.*, 2008; Ashforth & Mael, 1989; McFerran *et al.*, 2010）。

ontologists）較容易做倫理的行為；而持相對主義倫理的人（relativists）則較容易做違反倫理的事。只求目的不擇手段的人，或只追求成功，無所不用其極的人（machiavellian），有很大機會做不倫理的事。

個人的道德發展水平跟其倫理行為亦有密切的關連。[3] 認知道德發展（cognitive moral development）是指個人在面對道德處境或問題時，認知反應的水平；而認知道德是指回應道德問題或處境的思維反應。依 Kohlberg（1969, 1976）的道德發展理論，人的道德成長分為幾個階段，由最低的依據避免受罰而反應，經歷依據社會現成的規範做反應，到依據普遍道德原則來回應倫理問題，三個不同的發展階段。不是每個人都可以發展到採用原則來回應倫理問題，社會上只有少數的人有此能耐，大部分人的都處於成規階段，即依據社會所接受的規範做倫理行為。研究發現，具備原則性道德思維的人較能導出倫理行為。

倫理敏感度（ethical sensitivity）是個人對倫理問題的覺知能力及對問題重要性的判斷能力。倫理敏感度低的人很難察覺倫理問題的存在，亦很難對問題的重要性做出正確的判斷。但倫理敏感度高的人只代表其倫理感知及判斷能力比較強而已，不一定有高的倫理操守，因為這些能力不一定會衍生倫理行為。如前所言，導致行為的出現，還要其他的因素。人們若有更大的道德胸襟（Laham, 2009），如海納百川，包容性大，把道德關懷擴大，亦是道德能耐的正面元素。

行為不單會受思想所影響，人們的情感對行為（含道德行為）亦起一定的作用（Haidt *et al*., 1993; Haidt, 2001）。情感（affect）有正面及負面的，含括對具體事件集中、強烈、短暫的情緒，如恐懼或愉悅的情緒（emotion）；或較分散、淡薄，但為時較長的感覺（moods）。道德情緒包括愧疚、羞恥及同理心。有學者將愧疚（guilt）與羞恥（shame）區分開來，將愧疚用於描述人對做過的錯誤行為之懊悔情緒，而將羞恥是對做過錯事的自我做貶抑及譴責。同理心是能以他人的角度來瞭解他人的看法或感受的能力，即逆地而想及感的能力。人的愧疚心跟同理心（empathy）有關連，正因為能站在

3　見（Rest, 1986; Rest *et al*., 1999; Schwepker, Jr., 1999; Ashkanasy *et al*., 2006）。

對方的處境來看問題，容易感受對方被不倫理對待的感受，因此較能產生對受害人表示歉意或補償的意圖。相比之下，羞恥是跟個人的悲痛及內省有較強的關連，跟同理心沒有明顯的聯繫。

◈ 組織因素

影響倫理行為的外在因素有兩種：組織（含行業傳統），及組織出現其中的社會文化。就組織因素而言，導致人們行不義之舉的原因很多，其中職場的壓力（業績壓力、期限壓力、群結的壓力（pressure to conform））經常引誘或強迫員工做出不倫理的行為，包括向客戶說謊、誇大產品功能、做無法兌現的承諾、誘使客人購買不需要的產品或服務，做出自己不願意做或明知是不道德的行為。當然，組織亦可以成就組織人的德行及幸福（Levering & Moskowitz, 1986; Levering & Moskowitz, 2007; Warr, 2007）。

職場壓力：不少研究顯示，職場壓力是一個導致不倫理行為的主因。[4]職務本身就有來自多方的壓力，容易產生不少的衝突，導致不倫理行為的發生。例如，採購人員經常遇到受賄的引誘，客戶或供應商可以用回扣或行賄來誘惑他們，行賄在檯面底下進行，外人很難察覺，增加受賄的誘因。雖然如此，員工仍會提心吊膽，心感不安心，因為公司可能有明文禁止賄賂的守則，受賄員工會飽受這來自相反方向拉扯的煎熬。另外，假若公司有清楚的指令要完成某項交易，指令會變成無形的壓力，迫使員工鋌而走險。例如，審計師（auditors）可能被受僱用的公司暗示要對其操弄過的賬目「睜一隻眼、閉一隻眼」，若依僱用者的指示就違反專業守則，但審計師任職的會計師事務所鑑於對方是大客戶，明示或暗示下屬要盡量配合其不當要求。這類壓力導致倫理犯規的事例司空見慣。此外，組織人亦為了完成組織訂定的目標，而不惜做出違德的行為（Schweitzer, 2004; Shah *et al.*, 2002）。一般而言，假若公司沒有明文的倫理政策及重視倫理的組織文化，這些工作壓力常會是當事人不倫理行為的原因。美國的一個調查顯示

4　見（Larzarus & Folkman, 1984; Mandel, 2005; Sims, 2003; Robertson & Rymon, 2001; Schwepker, Jr., 1999）。

（Sims, 2003），有三分之二的中層經理表示，公司下層的員工受到上司的壓力，為了討好上司，將自己認為對的事情都擱置一旁。

組織的獎懲制度及誘因：[5] 用物質或金錢來獎勵員工遵守倫理，不一定能提升組織的倫理，因為獎勵可能被視會貶低倫埋行為本身的價值；但這類的獎勵亦不全然無用，它亦可以展示出組織成員不會由於做倫理行為而受到打壓、孤立、杯葛等迫害。另一方面，懲罰是否可以減少或禁止不道德的行為？答案是比想像的複雜（Tenbrunsel & Messick, 1999），其中主要因素是實施的懲罰是否適當及到位，若徒具形式或半吊子般的執行，會令有作惡犯意的人認為組織是玩假的，為惡的膽子更大，伺機作惡，情況可能會比沒有懲罰時來得差。

角色衝突：組織為成員被界定的角色是否合適，彼此是否互相補強，還是互相矛盾，都跟成員是否做出不倫理的行為有密切關係。若組織成員角色是裁判兼球員，就很容易產生利益衝突，做不公不義的事。例如，媒體內要同一組人兼廣告行銷、新聞報導及評論，這類的角色衝突容易產生為了討好大客戶做出偏袒的報導或評論，有損新聞客觀公正的媒體專業倫理。

組織文化（organizational culture）：組織文化是深刻地影響個人倫理感知、思想及行為的因素。文化包括了公司的核心價值、基本信念、行為守則和作業實務、及成員彼此對待的習慣（Duncan, 1989; Finegan, 2000; Goffee & Jones, 1998）。文化中有關倫理道德的部分稱為倫理文化（ethical culture），它界定行為的對錯、應做、不應做、值得鼓勵、不值得支持、禁止、容許、可容忍、可以接受、不可接受等（Martin & Cullen, 2006; Mayer et al., 2009a）。組織內成員對是非對錯，可接受或不能容忍等行為的感覺（perception）形成了組織的倫理氛圍（ethical climate）。組織文化本身代表了一個行為及作業的基本規範架構，約束及指引員工的思維及行為（Dennison, 1996; Fritzche, 2000）。研究發現（Yener et al., 2012; Parboteeah et al., 2010），組織的倫理氛圍對員工的職場行為是有影響的。

5　見（Ashkanasy et al., 2006; Leventhal, 1976; Peterson & Luthans, 2006; Trevino & Youngblood, 1990）。

　　組織文化與倫理行為並無必然的關連，有些組織文化能締造一種鼓勵倫理行為的組織氛圍，有利於成員的倫理行為。有些組織文化塑造了一些不利倫理行為的氛圍，容易導致不道德行為的出現。關鍵在於組織的倫理文化，若有正道的倫理文化，則去惡存善的效應較為明顯，反之，若其倫理文化屬邪門左道，則較容易滋生敗德文化（immoral culture），促成作奸犯科等敗德惡行。敗德文化經常表現為利潤掛帥、唯利是圖，員工一旦遇到倫理困難時，會容易傾向只求目的、不擇手段。成員不單經常有意地做出失德之行，還會用種種方法掩飾惡行，自欺欺人（Sims, 2003; Umphress *et al*., 2010; Umphress & Bingham, 2011）（見第五章）。

　　無德是指跟倫理無關的意思。無德文化（amoral culture）是全無倫理內容，缺乏是非標準、倫理虛無、不善善、不惡惡，既不責難敗行惡德，亦不獎勵善行美德。問題是，組織若對倫理沒有明確的態度或要求，包括善行沒有得到支持獎勵，惡行為沒有受到譴責懲罰；員工在這樣的倫理氛圍下，誤以為不倫理的行為會被縱容或認可，或會爭取仿效作惡，或視壞事與己無關，對不義之事做旁觀者。無德文化雖不等同於敗德文化，但由於倫理虛無，善行不會受到鼓勵或支持，惡行不會受到遏止或制裁，不義之事因此容易滋生。因此從結果而言，無德文化跟敗德文同樣會衍生或助長不義之行，分別是後者比前者含有更多成惡的積極因素。換言之，在成就惡行方面，無德文化跟敗德文化的不同只是程度之別而已。

　　工作類型：不同的工作類型與倫理行為有不同的倫理關連。位於組織的通訊網絡樞紐上的員工，比起其他位於網絡邊緣的員工會有較大機會要做倫理決定。公司各層級的經理由於會接觸到很多的訊息，知道不少的狀況，因此遇到涉及倫理的情況的機會自然會比一般員工高，因此有更大的機會要做倫理決定。另一方面，經常與公司以外不同的利害關係人互動的員工，如行銷部門或採購部門的經理及員工、客戶服務部的經理及員工等，比那些活動只限於公司內部的員工有更大的機會碰到倫理難題。公司的董事會成員及公司的執行長、資訊長等人經常掌握及接收到最多的訊息，而由這些訊息而來的倫理問題會接踵而來。

◈◈ 不倫理行為的其他組織因素

除了上述的原因外，以下亦是產生不倫理行為的組織因素（Sims, 2003: 120-121）：強調短線營收，而不重視長線的經營；經常輕忽或違反內部的專業倫理守則；經常傾向對倫理問題找尋簡單的答案，並滿足於快速的修補；不願為解決倫理問題付出成本，因此鼓勵在解決問題時「偷工減料」；一些直接或間接地不鼓勵倫理行為的政策對員工傳遞了負面訊息，但卻忽視這些訊息所帶來的後果；組織文化的積極價值可以幫助及指引員工有效回應倫理困難，但組織對這些價值的重要性一無所知；錯誤地將不違法等同於合乎倫理，不瞭解商業倫理所要求的是超出守法律的要求；視商業倫理或社會責任為公司粉飾，並非真心實踐倫理經營；對待員工及對待客戶分別採用兩種不同的態度，在組織內製造了不信任及敵意；員工考勤及擢升政策缺乏合理的準則，以人脈、政治聯繫、裙帶關係取代了員工的績效及優點；沒有處理倫理問題的清楚政策或程序，員工碰到倫理問題時全無所適從；沒有處理揭發組織弊端的機制，舉報者沒有適當的渠道來舉報不當的行為；一遇到弊案或不當事件時就企圖將之掩蓋，不知道這樣的做法最後會失敗；只關心股東的利益，忽視其他利害關係人的利益；鼓勵員工不要將個人的價值帶回職場，要員工將個人價值與工作價值做嚴格的切割。

◈◈ 行業傳統與社會風氣

組織的大環境，即組織所屬的行業及大社會，無時不對組織發揮著影響力。政府的監管機制及法規、社會風俗、產業行規，都會影響組織倫理。例如，國家若輕忽倫理、政府防貪治貪法規不健全、官員執法不力、司法怠惰不公、官商勾結流行、社會縱容貪污，這種養惡大環境都會敗壞組織倫理。反之，若國家重德隆義、社會法制健全、執法嚴謹、司法公正、社會好善惡惡、行業守法尊德，這種促善的大環境應對組織倫理有正面的作用。本世紀初伴隨著安隆弊案（Enron Scandal）的一連串美國企業財務欺詐案，上世紀 1960 年代的美國奇異公司（General Electric）與其他的企業共謀操控產品價格，都是行業敗壞效應的極佳例子。前者涉案的是金融行業及會計行業，後者是製造業。這個世紀的金融風暴揭發了銀行業的長期弊病：追求短線暴利，不負責任的高風險信貸理財管理，加上政府監管失誤，製造了全球空前的金融危機，公司倒閉、產業蕭條、大量工人失業，陷社會於不義！但這些涉案的龍頭銀行已發展到「大到不能倒」（too big to fall）的地步，不只強迫社會為它們的錯誤埋單，還可以在為惡後全身而退，不必坐牢，且從中獲取暴利，造成史無前例的巨大之不公不義。近年臺灣食品作假案頻頻曝光（見上文），暴露了食品業根深蒂固的造假文化，整個產業鏈長期共謀欺瞞消費大眾，謀取暴利，同時亦揭露了政府法例不健全、執行無力、及監督不足之種種弊端。大環境敗壞，組織倫理勢難獨善。

此外，經濟的興衰或全球化之深化的影響力不容低估。上世紀 1980 年代後期，美國的一項調查（Touche Ross, 1988, *Ethics in American business: An opinion survey.* Cited in Stead *et al.*, 1990）顯示，受訪的公司行政人員認為外來的競爭會導致商業倫理下降；劇烈的競爭迫使公司走短線，只顧眼前利益，將社會利益放在一邊。另一種情形是，富國的跨國大企業在全球不同地方經營時採取多重倫理標準，總部公司在國內遵守本國的倫理規範及監管條例，但在落後國家的分公司則利用當地不健全法制及形同虛設的監管，做出種種違反本國倫理規範及監管條例的行為。

全球化下英美式資本主義主宰全球政經發展，金錢萬能、利潤掛帥成為主流價值，高物質回報及財富地位的擁有等同於成功，自私被描繪成為人的天性並加以推崇；貪婪被視為人努力向上的動力並加以宣揚。重要的是，不問是非、唯利是圖並不是資本主義的全部。不同的文化會孕育出不同類型的資本主義，資本主義制度有不同的文化版本。[6] 就基本面而言，資本主義體制的生存與發展，同樣需要健全的法制、有效的監管機制及適當的倫理規範。縱使不少罪惡都是跟資本主義脫不了關係，但這不能說資本

6　見（Hampden-Turner & Trompenaars, 1993; Hofstede, G. 1980, 1991, 1993; Hofstede & Bond, 1988; Johnson & Cullen, 2002; Kirkman *et al.*, 2006; Robertson, 2002; Trice & Bayer, 1993）。

義必然是惡，因此，將資本主義等同於不問是非、不擇手段是有違歷史事實及不客觀的。

◈ 問題之道德強度

內外因素之外，個人在組織內所面對的問題的道德強度（moral intensity）亦會左右倫理行為（McMahon & Harvey, 2007; Morris & McDonald, 1995; Reed & Aquino, 2003）。問題的道德強度（Jones, 1991）由六個部分構成：一，問題所導致的結果之強度（magnitude of consequence）；二，社會共識（social consensus）；三，問題後果出現的機率（probability of effect）；四，問題在時間上的急切性（temporal immediacy）；五，問題之鄰近性（proximity）；六，問題後果的集中程度（concentration of effect）。問題後果之強度是指問題所導致受害人的傷害加上受益人的好處的總和。例如，一個導致 100 人受輕傷的行為，比起一個導致 10 人受輕傷的行為的強度高。後果愈強的問題愈容易引起關注。問題所涉及的社會共識是指社會對某一行為是惡是善、是對是錯存在何等程度的共識。對善惡對錯有清晰的共識愈容易導致倫理行為；反之，缺乏善惡共識令行為人難以決定何種行為才合乎倫理。問題後果的機率，包括了所涉及的行為出現的機率，加上行為會造成傷害（利益）的機率，聯合起來的機率。將第一部分與第三部分綜合來看，道德行為的期望後果，是該行為所產生的後果的強度，與該行為預測的後果出現的機率，相乘而得出的結果。問題的時間急切性是指問題跟行為結果出現所需的時間，時間愈短其急切性愈大。問題之鄰近性是指行動人對惡行（善行）之受害人（受益人）的鄰近感覺。這種感覺包括社會、文化、心理及空間各方面。人們會對身邊的人的關心大於對處於遠處的人的關心；居處鄰近、文化相似、心理接近等都構成熟悉的鄰近感；鄰近性愈強愈容易引起倫理的關注。最後，問題後果的集中程度是行為影響的人數的反函數（inverse function），即行為影響到的人數愈少，集中性愈高。

不同問題所涉及的道德強度有強弱之別。問題的道德強度愈高，表示愈需要用倫理原則來辨識、分析、評量問題，解決這類問題需要複雜的倫理思維及細緻的輕重權衡。例如，某部門集體偽作績效，以瞞騙上級所涉及的道德強度高，而擅自取去公司的一支原子筆留為己用的道德強度低。一般而言，問題或事件是否有清楚的好或壞後果、社會是否對該問題已有的好壞的意見、問題與決策者是否有緊密的關係、問題影響他人的速度有多快、個人對問題的控制程度等，都會影響一個問題或事件的道德強度。總之，倫理行為除了內因及外因之外，有關的問題道德強度亦是相關的。

關係與組織倫理

組織是人與人之間緊密合作的社會網絡，人們之間的關係會影響行為及互動。從演化的角度而言，人為了生存自然會發展出群性傾向，自動與他人建立聯繫及與人群結（conform）（Crosier *et al.*, 2012; Fiske, 1991）。在組織內，人的行為及彼此合作擺脫不了人際關係的左右（Fowler & Christakis, 2010），人的為善行惡少不了受到關係的影響。因此，納入社會關係做為一項說明組織倫理行為的變數極為必要。社會網絡理論以關係來分析組織人的行為：組織是一個社會網絡，這個網絡上的四種關係影響著組織人行為。[7] 第一種是強與弱的關係（strong and weak relationships）。關係強弱可依關係的頻率（frequency）、回報性（reciprocity）、感情強度（emotional intensity）、及親密性（intimacy）加以區分。弱關係（weak relationship）是指生疏的聯繫、不經常的互動、不存感情的關係。弱關係不會導致組織人行惡，因為組織內陌生人之間很難集結共謀作惡；惡行出現至少要有起碼的信任及經常的互動。強關係（strong relationship）是由組織人兩方的經常接觸、長期合作而形成，包含了熟悉、情感及信任。隨著互動的頻率增加及信任的加強，為非作歹的機會亦會隨之增加。與弱關係相比，強關係較為容易導致不倫理行為的發生。因此，可以做有關強關係跟惡行的關係的猜想：當個人因素、組織因素及問題因素的制約都減低

7　見（Brass *et al.*, 1998: 17-19）及（Bass, 1992; Burt, 1992; Granovetter, 1982; Krackhardt & Hanson, 1993）。

時，強關係容易導致惡行；反之亦然。意思是，當爛蘋果、爛桶子及問題因素的影響力降低時，強關係影響不倫理行為發生的機會就會提高。另一方面，當前三個因素的影響力都強時，強關係產生惡行的機會就會減少。第二種複雜關係（multiplex relationship）是指兩人之間有多重的關係，例如，朋友、鄰居、生意合夥人、同事、校友等。複雜關係會對惡行加上額外的制約，因為做出不道德的行為會破壞其他的關係。一般而言，複雜關係通常是強關係，但強關係不一定是複雜關係。比照於上個猜想，可以猜想複雜關係跟惡行的關連：當個人因素、組織因素及問題因素的制約都減低時，複雜關係容易導致惡行；反之亦然。第三種不對稱感情關係（asymmetric emotional relationship）是指關係人之間的感情及信任存在不對稱的回報，即，甲方對乙方的信任及感情，並沒有被乙方全部予以回報。多付出的一方有較大的風險受到傷害；而無感情、無信任注入的一方，則有較大機會行惡而獲取利益，由於無感情的成份，對方的利益禍福就無關宏旨了。比照於上兩個猜想，以下是關於不對稱感情關係的猜想：當個人因素、組織因素及問題因素的制約都減低時，不對稱感情關係容易導致惡行；反之亦然。第四種是位階差異關係。人彼此的相對權力構成了位階（status），而位階所構成的關係會影響行為。不對稱的權力關係令位階較低的一方受到惡行對待的風險較高。位階低的一方做出惡行的機會比較低，因為這會引起位階高的一方更狠的報復。然而，位階高若有德，不一定會利用更大的權力來欺壓對方。關於位階差異關係的猜想是：當個人因素、組織因素及問題因素的制約都減低時，關係中之位階差異容易導致惡行；反之亦然。以上四個猜想所標示的關係與倫理行為的關連是否能正確地預測組織的不倫理行為的出現，有待證明。

　　華人社會重關係、厚人情、輕法理，[8] 以情害理之事司空見慣，關係跟貪腐、不公平競爭及其他不倫理行為有密切的關連。[9] 華人社會的一句順口溜：「有關係就無關係，無關係則有關係！」就道盡關係的重要性：若你跟

8　見（Bian, 1994; Redding, 1990; Tsang, 1998; Tsui *et al.*, 2000; Yang, 1994）。

9　見（Bass *et al.*, 1998; Dunfee & Warren, 2000; Jones, 2000; Steidlmeier, 1999; Su *et al.*, 2001; Su *et al.*, 2003）。

有權勢的人有良好關係，你犯了錯或做了壞事都不用擔心；若你沒有後台（即無權貴撐腰），你麻煩就大了！問題是，重要並不等同於倫理，不少惡行都源自沒有倫理約束的關係，因此關係必須經過倫理正當性檢視。將關係因素納入組織倫理的考察，無疑令架構更為完備，尤其適合於說明重人脈的華人社會組織。[10]

　　本章陳述了影響組織倫理行為的多項變數，它們分屬於三大類：內因、外因及問題因。關係這項變數，猜想應跟其他三大類原因內的變數一起，對倫理行為發生作用。文首提及的爛蘋果論、爛桶子論及難解問題論分別著重於這三方面。三個論述可能分別對某類型的組織腐敗有合理的說明，似乎沒有一個論述可以對所有的組織腐敗都能提供合理的說明。我們現時不必深究哪一個論述是最佳的論述，也不必要求一個論述就可以說明一切組織腐敗。只要它能對我們感興趣而重要的組織倫理弊案或現象有足夠的說明力，就是好的論述。無論如何，瞭解組織倫理必須瞭解組織倫理行為的成因，能客觀掌握倫理行為的成因才能解決倫理行為，包括促成善行、防止惡行。

10　見（Chen *et al*., 2013; Huang & Bond, 2012; Tsui *et al*., 2000; Yang, 1994; Su *et al*., 2003）。

5

組織腐敗

長　期以來，組織學者對組織腐敗的說明，大多著重於人的因素或組織因素。如上文所言，重人的因素之「爛蘋果論」，主要是以壞人，尤其是位高權位心術不正的腐敗人來說明組織腐敗；偏重組織因素的「爛桶子說」主要是以壞環境來解讀腐敗現象。近年，研究方面開始轉向重視腐敗的過程（Brief *et al.*, 2001; Anand *et al.*, 2004; Palmer & Maher, 2006），及集體腐敗的動態分析（Ashforth & Anand, 2003），議題擴充到包括平常循規蹈矩的組織人為何從清白淪為腐敗？為何員工甘願為組織做壞事（Moore *et al.*, 2012; Umphress & Bingham, 2011）？這類研究一般被稱為「過程模式」（process model），特色是對腐敗過程做理論說明，提出各種腐敗的機制與過程。[1] 除此之外，過程模式對集體性腐敗的論述效果亦超出了爛蘋果或爛桶子說。事實上，一些重大的組織腐敗弊案都是集體性的腐敗所致，而非一、兩個位高權重高的壞分子所為（如中國山西省呂梁集體貪腐案，參閱第八章）。本章探討集體腐敗的過程及原因，討論順序是：道德腐敗的涵義、組織腐敗常規化、組織腐敗的持續及升級、倫理距離與組織腐敗、道德切割與腐敗行為及為組織行不義。

道德腐敗之涵義

　　本書探討的組織腐敗是指涵義很廣的道德腐敗，但不限於政治腐敗、行政腐敗、司法腐敗等。一般尋租式（rent-seeking）的政治腐敗本身就是道德腐敗，但道德腐敗不一定是政治腐敗。一般人指的腐敗，主要是指政客或政府官員的貪腐（Clark, 1983; Willams, 2000）。依國際透明組織的定義，腐敗是為了私利對委託的權力的濫用。腐敗跟貪婪有密切的關連，一般都將「腐敗」和「貪腐」當作同義辭。就貪腐行為涉及的利益及發生的場所而言，貪腐大致分為三類：一，大貪乃由政府高層為了私利而損害公眾利益，對國家政策或中央政府職能所做的扭曲行為；二，小貪乃中低級官吏利用老百姓在

1　見（Zyglidopoulos *et al.*, 2008; Zyglidopoulos & Fleming, 2008; Fleming & Zyglidopoulos, 2008; Moore, 2008）。

使用如醫院、學校、或警察局、或其他政府機關等服務時，濫用職權以圖私利；三，政治貪腐及政治決策者濫用職權，在分配資源及財政時操弄政策、制度和規則程序來延續其權力地位與財富。世界銀行（World Bank）對貪腐的定義很精簡：貪腐是為了私利的公營職權的濫用。[2] 經濟合作暨發展組織（Organization for Economic Co-operation and Development, OECD）的定義亦簡明：政府官員為了財務或其他利益而做的積極或消極的濫權。[3]

私人機構或公司的腐敗具有類似的性質，重要的分別是被濫用的是私權力（組織給予個人的權力），而非公權力。不管是政府部門或私人機構，腐敗的共同點是腐敗人為了私利而損害組織利益或公共利益（國家及社會）的權力濫用。然而，腐敗行為亦可以是為了腐敗人所認為的組織利益而行的（見下文）。本文將貪腐與腐敗視為同義辭，不加區別。

對照於貪腐的標準定義，道德腐敗（moral corruption）的涵義更廣，包含了上述意義的腐敗，及道德上的各種不當行為。道德上的不當或不義行為主要分為兩類，第一類是不應作為而作為，即，做了不應做的事；第二類是應作為而無作為，即，沒有做應做的事。前者是積極的不義，即，行不義之舉；後者是消極的不義，見義而不為。有人以為不道德是指做出的不道德之行為，有行為才有不道德的行為，沒有行為則談不上道德或不道德。這其實是謬誤，行為的道德性不單侷限於行為的做出，行為的不做出（即無作為）亦可構成不道德的。一般而言，行為人應該作為但沒有作為就是不當的無作為的典型，同樣是不道德的。例如，組織人甲欺瞞是有作為的不義，是不道德的，組織人乙明知甲在欺瞞卻不吭聲、不勸阻、不舉報等是無作為的不義，同樣是不道德的。在這類組織腐敗中，組織人乙以為自己什麼事都沒有做就可免除一己的道德責任，只是自欺欺人，容許壞事發生而不作為亦是違反道德的。總之，道德的基本要求是：做應做的事，不做不應做的事；應作為的要作為，不應作為的不作為。對照之下，不道德的要件：做不應做的，不做應做的；應作為的不作為，不應作為的有作為。跟著要問的是，什麼是

2　世界銀行定義，見 http://www1.worldbank.org/publicsector/anticorrupt/corruptn/cor02.htm。

3　見 Glossary of statistical terms, OECD, http://stats.oecd.org/glossary/detail.asp?ID=4773。

應做？什麼是不應做？標準是什麼？簡言之，符合有合理根據的道德（規範及美德）就是應該做的準則，違反它則是不應該做的。

組織腐敗常規化

如前文所言，道德腐敗內容比尋租式腐敗更為寬廣。以下的討論雖主要以尋租涵義的腐敗為主，但對組織道德腐敗亦有很大的啟示。依組織腐敗的一個重要論述（Ashforth & Anand, 2003; Anand *et al.*, 2004），組織腐敗行為是指為了個人、所屬單位或組織謀取利益，而做權力濫用、或職位廢弛、或違反社會規範及利益的不道德行為。這類腐敗既是尋租腐敗，亦是道德腐敗。

組織腐敗無法由個人單獨成事，必涉及多人參與的集體性行為，因此組織腐敗一般是指集體式腐敗行為。此外，集體式腐敗並非一朝一夕而是經年累月形成的，甚至變成組織常態（常規化）。腐敗的常規化（normalization of corruption），是指腐敗是裝篏在組織的結構及過程之內，組織成員將之內化成為可以接受，甚至視之為應該做的行為，並將之擴散，以人傳人（Ashforth & Anand, 2003）。腐敗常規化由制度化（institutionalization）、合理化（rationalization）、社教化（socialization）三個部分所組成。制度化是將腐敗行為視為家常便飯，而經常對腐敗行為的正當性毫無意識；合理化是指腐敗行為人用藉口來為腐敗行為解套；社教化是將尚未腐敗的組織成員（包括新人）教化到接受及參與腐敗行為。三個過程互相依賴及相互強化，形成一個腐敗的環境，促成集體式腐敗，令腐敗行為持續成為組織的常態。

合理化及社教化的互相加強令腐敗在組織內延續不衰，有必要在此詳加說明（Anand *et al.*, 2004）。如上文所言，有些腐敗行為人（腐敗人）會為自己的惡行自圓其說，將惡行說成不是罪行，或惡行是有理由的，或不受他個人所能控制的，意圖為惡行推諉責任。研究顯示，就算被證實是腐敗，腐敗人大多不認為自己是腐敗的，只承認行為不當或違規，但卻否認有作奸犯科的意圖，這類人通常會將自己的腐敗行為合理化，讓自己相信腐敗行為跟一般正常行為沒有兩樣，或令敗行看似是可以被接受的。事實上，組織生活中充滿著的複雜性、模糊性及不停的變動性，為腐敗行為合理化提供很好的因素。複雜性令責任的歸屬變得不清晰；模糊性令事情的對與錯的界線含糊，組織所面對的瞬息萬變環境，加上時間的壓力、資訊的不足或錯誤訊息、溝通的扭曲或不通暢、不當的誘因等，都會是導致成員做出不當或腐敗的行為。

　　合理化可以在腐敗行為未發生之前做，亦可以在事後補上，但不管事前做或事後做，目的是試圖減低行為人的愧疚，或減輕其對腐敗行為的疑慮或不安。合理化一經做出，不只可能會令下一個腐敗行為的出現變得更順暢，還可能會壓抑行為人原有的是非之心，不再把腐敗行為視為不當。合理化包含了七種技巧：一、否認責任；二、否認有人受到損害；三、否認受害人的存在；四、指責批評者；五、比爛；六、訴諸更高理想；七、訴諸個人苦勞。下面對這些技巧逐一簡述。

一、否認責任以不同形式來表達，例如，「人在江湖，身不由己」、「沒有選擇」、或「拿人錢財，為人消災」等，將情況描繪成任何人放在同樣的情況都會做同樣的行為。

二、否認有人從中受到傷害的技倆，是以沒有人在行為中受到傷害做為腐敗行為並無不當的藉口。例如，公司對政府的環保政策陽奉陰違，或在執行上偷工減料，參與其中的員工為此不法行為找藉口，稱偷工減料只是小小的瑕疵，並沒有具體傷害到任何人，因此不算什麼壞事。

三、在沒有受害人的技倆中，腐敗人認定腐敗行為的受害者罪有應得，因此不是真正的受害人。例如，會計師協助公司報假賬試圖瞞稅，聲稱瞞稅是光明正大的，理由是誠實課稅稅款最終會落入貪腐的政府官員的口袋裡。又例如，偷竊公司財物的員工會提出如「對一向不公平對待自己的老闆，這樣做是天理地義」的強辯。

四、反嗆批評者的做法是指責批評者的批評不公平，是一種做賊喊賊的技倆，試圖轉移視線，為自己脫罪。

五、比爛技倆是找一些跟腐敗行為相等或更壞的惡行做為墊背，以襯托腐敗不那麼壞，這種「有人比我更壞」的「比爛」方式用選擇性的比較，企圖淡化腐敗行為的不當。例如，販毒頭子為自己的惡行找藉口：「毒品這門生意大家都在做，我不做其他人都會做！」又例如，偷竊組織財物的藉口：「大家經常都在偷，他們拿的比我多得多，我只是拿這麼一點點，且是偶一為之。」

六、訴諸更高理想的招數是採用一個看似正當的目的，做為腐敗行為的理由。這個更高的目的包括對公司的忠貞不二、保持團隊和諧合作等。

七、訴諸苦勞的技倆。惡行人用自己往日在組織的資歷來試圖抵銷腐敗行為的不當，「我對公司無功勞亦有苦勞，做這一點點虧空亦不為過。」企圖「將功贖罪」。

除此之外，腐敗人通常是用了各種美麗言辭粉飾惡行，如將賄款稱為「保護費」、「清潔費」、「車馬費」、「管理費」，把腐敗行為給漂白粉飾，將之變成平常事。腐敗行為人就是利用上述的招數，為自己的不當行為合理化，將自己的道德形象粉飾：「我是道德的。」

社教化是在組織內將腐敗的行為習慣傳播到其他成員（新人或清白人）身上，令他們成為集體腐敗共犯之一員。社教化的做法有幾種：第一是用實質的利益，如用金錢直接收買新成員；或用無形的利益，如承諾提供日後擢升機會或更佳的職位配置等，令他們容忍及接受腐敗，或在思想上不抗拒腐敗，日後逐漸令他們在行為上間接或直接參與腐敗，從清白的局外人逐漸變成腐敗的局內人。第二種方式是用漸進式的讓清白人慢慢入局。腐敗人開始時會教唆清白人做一些微不足道的脫軌行為，清白人若有疑慮，在旁的腐敗人同黨就會為他們提供合理化的藉口，以釋其疑慮或不安，久而久之，清白人學會自行將不當行為合理化，隨之亦會依樣畫葫蘆地處理其他不當的行為，原先的疑慮或不安逐漸消失，這時清白人已從清白轉化成熟習將腐敗行為合理化，不知不覺地慢慢落入腐敗的陷阱而無法自拔，變成腐敗的一員。社教化的第三種方式是清白人自行對腐敗行為做出妥協，企圖減低或消除由敗行所產生的矛盾與焦慮，將自己原來相信的價值（如「腐敗是不對的」）

不斷做修正調整，以消解思想上的矛盾或情緒上的不安。同時，清白人亦會對角色衝突做類似的調整，令腐敗行為從開始的不當變為沒有什麼不對，到最後接受甚至做出腐敗行為。假以時日，不斷地妥協會令清白人轉化成腐敗行為的共犯或甚至變成主事人。這三種的社教化形式並不互相排斥，可以同時進行的。另外，三種方式的共同點是，被社教化的清白人認為自己有自由選擇而不是被迫的。若清白人一旦視腐敗行為是自己的自由選擇的話，就更容易接受腐敗及主動做腐敗行為。

如上文所言，合理化與社教化兩者可互相強化。人們做第一次腐敗行為多會感到不安與矛盾，而不安與矛盾通常會阻止腐敗不會再次發生，然而，若有方便的藉口消弭這種不安與矛盾的話，腐敗行為再發生的機會就會大大的提高。另一方面，若合理化是用來粉飾較輕微的不當行為，或用在消弭小矛盾時，合理化是較容易被接受的。但合理化一旦成為習慣，就會慢慢被用來應付更多、更嚴重的腐敗行為，用合理化的人就會陷入腐敗的滑坡上，不知不覺往下滑落腐敗的深淵而無法脫身。

組織腐敗的持續及升級

依一個論述（Zyglidopoulos *et al.*, 2008），組織腐敗行為變得愈加嚴重及範圍不斷地擴大，主要原因是腐敗人對腐敗行為做出過度的合理化（over-rationalization），而所謂過度合理化是指對腐敗行提出了過度的補償（overcompensation）：所提的理由遠遠超出腐敗行為所需的（「額外理由」），而這種過度補償令腐敗的動力持續不衰，腐敗人一犯再犯，屢試不爽。過度補償的過程大致是：腐敗人做了第一個腐敗行為，接著對敗行做合理化，而所提出的理由遠超出敗行所需要的；剩餘的理由就會為下一次腐敗行為提供一個藉口或動力，令第二個腐敗行為的出現更為暢順，接著是第二輪的過度補償，同樣的狀況再出現，推動第三個腐敗行為及第三輪的合理化，以此類推。一言之，過度合理化令組織的腐敗行為升級及擴散。

　　以上的理論是否足夠說明組織腐敗持續及升級，有待經驗證據來檢證。值得探討的是，在什麼條件下較容易出現這類過度補償的動作？或哪一類型的腐敗人較容易做過度補償？或這種過度合理化是否較容易發生在特定的產業？過度合理化是否比較難出現在某一類型的組織？再者，腐敗之升級或擴散，是否必須有過度合理化的出現？原理論假定了多出的「額外理由」是可以促成或補助下一個腐敗行為（敗行）的，這亦假設了敗行一及敗行二基本上是同質的，因此敗行一的理由可以用於敗行二之上。但這個假定不一定是對的，腐敗行為種類繁多，彼此不一定是同質的，因此適用於敗行一的合理化就不一定適用於敗行二之上，若然，下一個敗行的出現，就不容易用這個過程來說明了。腐敗人對腐敗行為找尋合理化藉口，可以「一敗行，一藉口」，找到足夠的理由就夠了，不必要過度的，而下一敗行若是同質則用同樣的藉口，若不同性質，就尋找新的藉口。腐敗行為是否會重演，除了使用合理化之外，腐敗人是否有足夠的腐敗傾向或犯意亦是關鍵。無論如何，就算過度合理化在如上述假定成真的情況下可以有說明力，但在其他的情況下，則需要其他的說明。總之，組織整體腐敗升級及擴散是不必一定涉及過度合理化的。

倫理距離與組織腐敗

　　組織腐敗非一日之寒，亦非一人可獨成，必涉及人與人感染及擴散的過程。值得研究的是，腐敗如何從一人傳染到多人，循規蹈矩人如何逐漸深陷腐敗泥沼，成為腐敗的共犯或主謀人？這個腐敗過程可能涉及倫理距離（ethical distance）（Zyglidopoulos & Fleming, 2008）。倫理距離是指行為與行為的倫理後果之間的距離。行為與其倫理後果的距離愈遠，行為人對行為後果所產生的倫理涵義的瞭解就愈模糊，因此容易做出行為；相比之下，若距離愈近，即行為人可以即時或快速見到行為結果，容易瞭解其倫理涵義，行為人不容易做出行為。

　　倫理距離有兩種：時間上的距離與結構上的距離。時間距離是指行為與行為的倫理後果在時間上的距離，時間距離長是指行為做出後，結果要等一段漫長的時間才出現；時間距離短的則指行為的結果很快出現。一言之，時距愈長則結果愈遲出現，時距愈短則結果愈早出現。重要的是，行為跟後果的時距離愈遠，個人愈容易低估後果的重要性。人在組織內活動，組織複雜結構將個人與其行為結果隔離開來，造成了結構距離。組織的高度專門化及部門化容易將不倫理的行為與其後果分隔開來，一個不倫理行為可能是經由很多人在不同的層次、不同的時間的行為結集而成，而參與其中的人對不倫理行為可能只有局部的瞭解或全不知情，同時很難知道自己行為的最終結果。複雜組織內，人只是組織機器的小螺絲釘，組織行為的責任就分散到各參與者，各人都承擔了部分的責任，這樣，若有不倫理行為出現的話，參與人也不一定知悉或察覺，於是容易成為無辜的參與者（innocent participant）。因此，結構距離容易讓組織人變成無辜的參與者，助長了集體性腐敗的出現。

　　在腐敗過程中，合理化在此亦扮演了重要的角色，將無辜參與者變為慣於將腐敗行為合理化的腐敗人，而時間距離及結構距離兩者都會對合理化起了促進作用：若時間距離愈大，合理化就更容易出現；結構距離愈大，合理化亦會較易被應用；若兩者同時出現，合理化就會愈趨自然，無辜參與者便搖身一變成為合理化達人（rationalizer），善用藉口來粉飾腐敗行為。使用合理化的人數愈多，集體式腐敗愈易制度化及常規化，腐敗行為就會變本加厲，愈演愈烈。接著要問的是，合理化達人是否會變成腐敗的主謀（guilty perpetrator）呢？倫理距離在這裡發揮了作用，若倫理距離愈大，腐敗人愈容易做合理化，愈容易變為腐敗的主謀；但若倫理距離消失或變短，腐敗人會清楚見到行為的倫理後果，察覺到行為所帶來的代價而可能停止行動。另外，人們見到腐敗是否會見義勇為將腐敗予以揭露？人們會瞭解做揭露者所伴隨的風險及代價，因此不會輕易為之（見圖 5.1）。

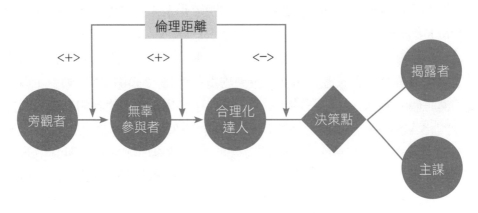

註：<+>代表出現；<->代表不出現

▲ **圖5.1　倫理距離與腐敗過程（Zyglidopoulos & Fleming, 2008）**

道德切割與腐敗行為

　　人對不倫理行為在認知上所做的調整，也會對組織腐敗的過程發揮作用。依此理論（Bandura, 1999, 2002; Bandura *et al.*, 2000; Moore, 2008），人們做了不當行為之後，在思想做了調整：道德切割（moral disengagement），令自己的惡行看似為害較少，以減少自己對惡行為的責任，或令自己感覺惡行為對他人的壞影響不會很大等。人為何能做了不當的行為而不會感到不安，正是做了道德切割的結果，將行為人原來有的自我控制能力擱置不用，在思想上將行為所包含的道德涵義降低，令不當的行為變成沒有問題。這裡指的自我控制能力是指能辨別是非對錯的能力，或能依據道德準則來判別是非的能力。道德心理學家認為在正常社會成長的人都會有此能力。道德切割觀念最初是用來說明少年的反社會或侵略性行為，其後延伸到用來說明成年人的不當行為；近年則被應用來說明組織腐敗。

　　道德切割分為三類共有八個做法，包括找尋道德理由、美麗言辭包裝、對自己行為做有利的比較、轉移責任、分散責任、將行為結果做扭曲的解釋、非人化動作及責備他人。值得注意的是，這些手法跟上文論過的合理化有不少的交集。頭三個做法是在思想上對不當行為做重新的定義，令不當行為看似不那樣地不當或為害較淺。例如，有廠商被指責廣告不實，道德切割人找到的藉口：「為了節省成本而沒有把所有的產品資訊標示在產品的包裝上而已。有選擇性的將資訊公開給消費者是為了方便他們閱讀！」又，集體腐敗被美麗言辭包裝成有團隊合作精神。用有利於自己行為的比較，是拿一些比惡行更惡劣的行為做比較，以減低行為的不當性。第二類的做法是減低犯案者在加害過程中的角色，以圖減輕責任。做法有兩個，第一是轉移責任，將責任向上轉移到組織裡權力比自己大的人身上，此人可能是直接或間接授意作惡的。第二是將責任分散到一群人身上，如一個小組或一個部門上，效果是犯案責任由一群人而非個人來承擔，變相地稀釋了責任。最後一類的做法是對惡行的後果做重新的定義，將行為惡果減至最低，或將惡果對他人所產生的不快的感受降至最低。例如，道德切割人可以將自己的受賄行為講成是沒有受害者的行為，即無人受到傷害。非人化是將惡行的受害人描繪成應有此報、罪有應得等，即將受害人的人格貶低，意圖達致對人格低下的人做不對的行為不會不道德的結論。最後，責備受害人以圖洗脫責任，如強暴的受害者被指責成衣著清涼、行為不檢點，引人犯罪等。

　　一般認為，道德切割是人長期跟他人的相互回報所形成的行為傾向，是從環境學習而成的，非人之天性。此外，道德切割是受場域影響的，什麼要素會影響做切割行為？什麼樣的職場、組織會影響人做道德切割動作？還有，這種傾向是否會在往後的日子裡再被使用，成為個人的習慣？道德切割是否會加強使用者啟動、加強及延續組織腐敗？這些都需要日後深入研究的。

　　組織大環境經常會令成員做出平日在組織以外不會做的惡行，導致組織腐敗。然而，是否可以假定組織人都有均等機會成為腐敗人呢？這個假定不一定符合事實，因為有人比較容易近墨者黑，走上歧途；有人則可以抗拒腐敗，出淤泥而不染。然而這種差異需要有個說明，為何有些組織人容易掉進腐敗的泥沼？而有些人卻能潔身自愛？用道德切割來思考腐敗，以下的回答似乎有理：有人容易傾向採用道德切割來回應不當行為，有人傾向稍弱或無此傾向，因此前者比較容易引發、延續及提升組織腐敗；道德切割人通過啟動、加強及延續組織腐敗，容易使腐敗成為組織的常態。

依理論（Moore, 2008），道德切割跟倫理決策、道德警覺、及組織升遷都有關連，及對組織腐敗發揮其啟動、加強及延續的影響。以下分別說明三者跟腐敗的關連。第一，從倫理決策角度來考量，道德切割令當事人更容易為了組織利益而做不倫理的決策，原因是切割能預先消除當事人在做不倫理決策時可能產生的道德不安，即，不當行為跟倫理規範有矛盾而產生思想上的緊張或不協調。道德切割亦可以在決策時將所涉及的複雜價值擱置一旁，或將之掩蓋，將問題簡單化，加快不倫理決策的做出。不倫理決策之所以能快速地做出，正是由於排除了應有的複雜、緩慢、費時、費神的倫理考量，或摒棄了納入更多的認知資源（如彼此競爭的價值、社會的良好風俗或規範等）來做審慎考量。依上述分析，合理的猜想是：有高度道德切割的人比有低度道德切割的個人會更容易做出不倫理的決策。

其二，就道德警覺性（moral awareness）而言，組織人是否具備道德警覺性跟其倫理行為是有關連的。什麼是道德警覺性？人在做倫理決策時必須先對倫理問題有所辨識，即對問題具有倫理警覺，然後對問題做出判斷，接著形成動機，最後做出行為。倫理警覺包含了認識當前問題涉及可能損害他人利益或違反社會倫理準則，及明白行為可能導致這些惡果，同時亦認識到行為後果可能跟自己所信奉的價值或社會的道德價值有所抵觸。簡言之，倫理警覺是個人對決策的倫理內容的警覺。道德切割跟道德警覺的關係是，道德初割傾向愈強的人會有愈低的倫理警覺性。依此，合理的猜想是：有高度道德切割傾向的人比有低度傾向的人會具備更低度的倫理警覺，而警覺愈低的人愈容易做出腐敗的行為。因此，合理的猜想是，道德警覺是連接道德切割及不倫理決策的中介因素。簡言之，道德切割削弱了人對問題的道德警覺性，容易做出不當的行為，加強腐敗在組織之內的滋生及擴散。

三，從組織升遷方面來看，合理的猜想是，能為組織利益而容易及快速做不倫理決策的人，比較容易被組織重用，因而很容易被擢升到高位，理由是組織一般都會對為組織賣命的人加以重賞，而予以高位及厚薪作為回報。縱使不少企業經常向社會信誓旦旦其社會責任，但骨子裡卻是為了生存及利潤，講倫理責任大多流於空言大話。所謂組織利益其實就是組織高層少數人的利益，而當這少數人的利益跟縱容腐敗行為沒有矛盾時，組織結構及文化規範都會縱容腐敗。事實上，當腐敗符合組織利益時，組織很難會出現制止腐敗的措施。當生存及競爭勝利是主導價值時，很難想像組織會在意目標或政策是否符合倫理。如上文所言，有強度道德切割傾向的人會比道德切割比較弱的人容易擢升到組織高層，這些人會為組織的方向定調及塑造其文化，成為腐敗的模範，縱容或鼓勵腐敗行為，令腐敗深入組織的骨髓，散布於組織氛圍，令腐敗行為滋長蔓延及擴散。合理的猜想是：有高度道德切割的個人比有低度道德切割的個人在組織有更快速的擢升。[4]

為組織行不義

組織腐敗有多種，大部分的腐敗純粹是為了少數腐敗人的私利，但有少數的腐敗是為了組織的利益（Bersoff, 1999; Moore *et al.*, 2012; Umphress & Bingham, 2011）。為組織行不義（pro-organization unethical behavior）是指為了組織利益，組織人蓄意做出的違反社會核心價值、規範、法律或良好行為準則的不道德行為（見第八章，日本奧林巴斯（Olympus）隱瞞財務虧損弊案）。如上所言，不義之行包含了「作為」或「不作為」兩方面。組織不義行為包含做了不應做的事，或沒有做應做的事。哪些人會為組織行不義？組織學者（Umphress & Bingham, 2011）指出，具備某種對組織強烈愚忠的員工較容易為組織做不道德之事。對組織有強烈愚忠的人是對組織有強烈認同之人。什麼是組織認同？組織認同（organization identification）

4 　過去的研究尚未能制定一個可測試及容易操作的道德切割量表，來測量道德切割傾向。最近的一個研究（Moore *et al.*, 2012）則企圖填補這個空隙。

是指人對組織目的、價值的接受與認同，並將自己視為組織一部分，力挺組織，死忠於組織。組織認同愈強，組織的價值及做法會對成員變得愈重要，成員會感到與組織榮辱與共。另一方面，強烈組織認同會令成員為了組織的利益而不顧個人的價值信念或規範，及不理組織以外的人的看法；甚至會為了組織而調整個人的信念及價值來配合組織，做出違反道德的行為。在死忠的成員眼中，組織的利益比為了維護組織利益而受到傷害的人之利益更為重要。在這種情況下，成員會為組織行不義，並視之為應有的義務，對不義之行不只不會感到不安或愧疚，甚至甘之如飴。例如，員工為組織弊案積極協助掩飾真相，說謊時還會特別的「理直氣壯」，甚至會造假作偽來為公司的不良產品辯護而「問心無愧」。死忠的員工很可能感於長期受了公司恩惠，有強烈的報恩情結，而受恩愈多報恩動機會愈強烈，並會付諸行動。[5] 正常情況下，「徹底一忠」員工無疑是組織的寶貴資產，然而，當組織做了不當之事時，這種愚忠卻很容易導致可怕的後果：不問是非、掩飾包庇、刻意護短，讓錯誤愈滾愈大而失控，造成更大的禍害。死忠的員工平時依自己的道德不會做的事，卻可為組織心甘情願地做，過程中若感到煎熬，多數會用合理化來稀釋心中之不安。方式如前所述，不贅。

結語

組織腐敗是組織倫理的重要議題。倫理腐敗是倫理故障、道德廢弛或崩壞所致。究竟是什麼原因導致腐敗？為何腐敗會擴散及升級？持續及變本加厲？人如何會從乾淨變為腐敗？如何從旁觀者變為腐敗人？人如何為腐敗行為自我解說？這些問題的答案都有助於瞭解組織腐敗。上述有關組織腐敗常規化、組織腐敗的持續及升級、倫理距離與組織腐敗、欺瞞升級的軌跡、道德切割及組織人為組織行不義等論述，究竟是否可說明一般組織腐敗的普遍特性，還是只能說明某一特定類型的組織腐敗？是值得深思的。就現時流

5　正常人會有恩報恩。俗語「滴水之恩，當湧泉相報」深入中國文化，華人組織之報恩現象跟腐敗有何關連，值得研究。

行於中國大陸或臺灣社會的尋租式之集體貪腐而言，爛蘋果論及爛桶子論加上難解問題說是否已經足夠說明大部分的貪腐弊案，因此這些論述幫不了大忙？還是以上的論述有助於更精準的說明？都是值得進一步探討的。

6

領導倫理

好的組織不可能沒有好領導，壞的組織經常離不了壞領導。組織倫理的成敗，跟其領導之倫理優劣的關連，近年領導學研究提供了不少珍貴的文獻。[1] 有些研究特別聚焦於領導的陰暗面（Hogan, R. & Hogan, J., 2001），或對領導的失能方面多所著墨（Burke, 2006; Swartz & Watkins, 2004）。本章探討領導的倫理面，內含一個基本命題是：好的組織必須是倫理的組織，而倫理的組織的領導必須是倫理的。近年組織學對領導倫理（leadership ethics）有廣泛及細緻的論述，[2] 下文挑選了幾種不同型態的領導，探討其特質及其對組織的影響。配合本書的主軸，本章對倫理型領導（ethical leadership）多所論述，探討其成因及所導致的組織結果。

領導的涵義

提到領導，人們很自然會聯想到唐太宗、拿破崙、林肯、邱吉爾、鄧小平、孟德拉等政治領導人，而不少人會認為巴菲特、賈伯斯、松下幸之助、王永慶、李嘉誠等是商業領袖。關於「領導」這個詞，華文日常用語多將領導（leadership）等同於領導人（leader），將之用來指涉特定的個體。其實，領導是一個複雜概念，領導不等於領導人，它包含了領導人及其行為、追隨者（follower）及其行為，兩者之關係及領導的過程。英文名詞「leadership」是含義廣的抽象詞，指領導的性質／狀態；而「leader」則指特定的個體，指領導人。對照之下，中文名詞「領導」則一般是指領導人，而沒有英文「leadership」（領導性）的涵義。

對領導做初步的定義，有助清晰思維。領導做為名詞使用包括了幾個重要成份，它既是狀態，亦是能力，也是過程。就組織而言，這個狀態是一個人對另一群人發揮影響力，將他們集結在一個目標之下，激發他們的熱情

1　見（Burns, 1978; Bass & Bass, 2008; Chemers, 2002; Chatman & Cha, 2003; Chen & Lee 2008; Dirks & Ferri, 2002; Smith & Wang 1996; Yukl, 2010; Dickson *et al.*, 2011; Dickson *et al.*, 2012; McClelland & Boyatzis, 1982; Tyler *et al.*, 1985）。

2　見（Baserman, 1996; Ciulla, 1998; Ciulla, 2007; Kanungo & Mendonca, 1996; Johnson, 2009; Rhode, 2006; Treviño *et al.*, 2000; Palanski & Yammarino, 2009）。

及善用他們的才能，推進組織發展，達成目的。這裡涉及的領導人，即具備影響、鼓動及協助他人邁向目標的能力的個人，而領導力就是影響引領他人向同一目標邁前的能力。最近一項大樣本的跨國研究蒐集了不同產業觀察到的領導行為，歸納出以下的 20 項領導特質（Feser *et al.*, 2015）：支持部屬、大力鼓吹組織所需的改變、為組織目標獎勵員工的努力及為後果做出澄清、有效及熱情跟員工溝通、培訓員工、制定及分享共同的任務、將追隨者做區分、促進小組合作、加強互相尊重、對員工表揚、組織好團隊及工作、做出高品質的決策、推動員工工作動機及將他人優秀的品質發展出來、對事情有批判眼光、做事重視成果、失敗後快速復原、在不確定的時刻保持冷靜及信心、扮演組織價值的模範角色、尋求不同的觀點、及有效解決問題等。在這 20 項特質的其中有 4 項：支持部屬、做事重視成果、尋求不同的觀點、及有效解決問題，尤其能彰顯有效領導（effective leader）的性質。[3] 除了涉及個人特質外，領導同時是一過程，即帶領他人同心協力完成共同目標的過程。一個國際性的研究（Dickson *et al.*, 2012），綜合了不同文化的領導概念，顯示領導包含能力及過程兩個核心元素。事實上，領導除了包括了領導人（含能力）、領導過程（含行為及互動）外，追隨者亦是一大構成元素。事實上，沒有追隨者則沒有領導，領導必須有被領導的追隨者。由於領導包含了追隨者（followers），對追隨者及追隨性（followership）的特質，本章會做簡要的補充說明。

領導的型態

領導大致分為交易型（transactional）、轉變型（transformational）、真實型（authentic）及倫理型（ethical）四大類型，各有其特質及組織效應：對組織內成員行為及對組織本身的影響。這個分類不是窮盡的，其他型態包括了家長型領導（paternalistic）（Farh & Cheng, 2000）、威權領導（authoritarian leadership）、

3　樣本數是 189,000，從分布在歐洲、亞洲、北美洲、及拉丁美洲的八十一個組織中採樣，涵蓋的產業包括農業、能源、政府、保險、顧問、礦產、房地產。組織員工人數在 7,500 到 30 萬之間。

魅力型領導（charismatic leadership）、僕役型領導（servant leadership）（Grahman, 1991）等，由於篇幅關係，不予論述。

◈◈ 交易型領導（transactional leadership）

交易型領導主要行為特質是用懲罰或利益來誘導追隨者或部屬，引發他們某種行為，以達到特定之目的。這種型態的領導會不斷以利益交換來製造期望的行為，過程如同領導人跟追隨者或下屬好像在不斷地做單次的買賣／交換：買方為了從賣方取得 X 而向賣方付出 Y，箇中充滿了討價還價、按件計算的氛圍。因此，這種交易是按件獎償（contingent reward）（Bass & Riggio, 2006）。依早期的研究（Burns, 1978），交易型領導人的價值跟手段是分不開的。在交易領導過程中，領導人及追隨者以滿足低層次的需求及慾望為目標，目標達成後是可以往更高層的需求發展。依這個看法，交易型領導亦涉及正面的價值，並不一定是不顧是非的純粹利益的交換。

◈◈ 轉變型領導（transformational leadership）

轉變型領導的領導方式，不是靠利益交換來誘發追隨者或下屬的行為，而是用理念或理想來感召追隨者或下屬，激發他們奮力完成任務。[4] 領導人利用個人的感召力令追隨者接受一套共同的願景，此願景為工作或任務賦予意義。這類型的領導都能以身作則，為下屬建立行為模範，影響他人是依靠個人之人格特質多於其權位或權力。這些特質包括了個人魅力、對下屬個人的特定需求給予個人化的關照、提出具吸引力的願景來誘發下屬的動機和影響行為、及用理念來激發行為、扮演追隨下屬的導師或教練，而不是高高在上發號施令等。這類型領導最易見到的效應是，下屬對工作的意義有了全新的瞭解：工作目標不全是為了個人利益，而是要成全集體利益。同時，工作必須全力以赴以達到超標的成果。

4　見（Bass, 1998; Bass & Riggio, 2006; Arnold, 2007; Avolio, 2004b; Conger, 1999; Kark *et al.*, 2003; Lowe *et al.*, 1996）。

　　這類型領導人究竟對組織產生什麼效應？不少的研究都顯示了其積極的組織效果（Podskoff *et al.*, 2000）。研究發現轉變型領導人會令員工有更高的工作滿意感、提高小組及組織的績效、及展示有效領導力等良好結果（Judge & Piccolo, 2004）。在不同國家做的同類研究（Wang & Walumbwa, 2007）發現，這型態的領導會加強員工對公司的認同及投入，減低員工工作的消極性。轉變型領導人鼓勵部下將設定的工作目標跟自己的價值保持一致，令員工的工作目標跟個人的價值保持和諧，沒有被扭曲或壓抑。根據多項研究，[5] 這類型的領導對工作績效及組織承擔（performance and commitment）有正面的效應：員工會有更高的工作績效，及更多超義務的組織行為出現，原因是這些員工比其他員工有更強的工作動機、更大的自信、及為自己設定更高的工作目標。其次，員工對領導人有更大的信任，縱使並不即時得到獎勵卻願意為工作付出額外的努力。再者，員工對組織有更強的認同感，跟組織發展出更強的情感聯繫及更強的義務感來投入工作。研究顯示轉變型領導人會讓員工的工作更多樣化，令他們覺得工作更有意義，令員工在工作中獲得更大的滿足。

　　據較早的研究（Burns, 1978），轉變型領導人關心自由、正義及平等價值，帶領追隨者經歷不同階段的道德發展及需求，並往上提升，甚至將追隨者轉變成領導人。轉變型領導人有幾項突出之處：第一，不只能滿足追隨者或下屬的基本生存需求，還可以令他們有成長的機會及滿足。第二，可以帶領追隨者或下屬往更高層次的道德發展，提升他們對重要的倫理價值，如平等或正義的意識。第三，經由非操弄（non-manipulative）或非壓制（non-coercive）的方式，令追隨者自願接受及逐漸內化一些跟領導人共有的價值。此類領導的原型雖來自政治領袖，其特質不一定侷限於政治人身上，商界領袖亦可以展現這些特質（Lowe *et al.*, 1996）：一、照顧下屬的個別需求，關心他們的成長；二、鼓勵追隨者質疑現狀，不盲從既有觀點或假定，要有批判精神；三、具有魅力，令追隨者認為領導人及其理想體現了道德價值，值

5　見（Avolio *et al.*, 2004; Bono & Judge, 2003; Colbert *et al.*, 2008; Podsakoff *et al.*, 1990; Podsakoff *et al.*, 1996; Lowe *et al.*, 1996; Shin & Zhou, 2003; Turner & Barling, 2002; Wang & Walumbwa, 2007）。以上研究結果部分轉引自（Colquitt *et al.*, 2009: 495, notes 120-126）。

得模仿及學習；四、用個人的價值及願景來啟發追隨者，要他們一起投入願景及奮鬥。這類型的領導人對追隨者的工作動機、工作滿足感、工作績效及超義務行為等都有良性影響。

　　轉變型領導人對追隨者的影響是否只有正面的呢？答案是否定的（Bass, 1985），這類型領導人不一定會涉及更高層次的需求及價值，反而可以製造邪惡及帶來禍害，德國納粹黨領袖希特勒就是很好的例子。因此，轉變型領導人有真（authentic）假（pseudo）之別（Bass & Steiflmeier, 1999）。前者會帶來跟倫理一致的後果，但後者則會產生不道德的效應。真的轉變型領導人是真心真意相信及實行誠實、公平和人權等價值，假的轉變型領導人則自私自利、偏頗徇私、及造成追隨者對其依附的心理。這兩類型的領導所產生的效應有天壤之別，其中關鍵的因素，乃兩者之倫理道德的迥異（見表6.1）。

表6.1　兩類轉變型領導人的特質	
真的轉變型領導	**假的轉變型領導**
提高道德標準。 突出重要的優先次序。 增加追隨者對成就的需求。 促進追隨者更高的道德成熟。 創造倫理氣氛（共同價值，高倫理標準）。 鼓勵追隨者超越自私，追求共同善。 運用真誠一致的手段。 用理性來說服他人。 個人化的指導及監督。 訴諸追隨者的理想。 容許追隨者的自由選擇。	追尋個人利益、犧牲公共利益。 鼓勵追隨者依附性格，私底下鄙視他們。 好惡性競爭。 追逐個人目標。 好貪婪、嫉妒、仇恨、及欺瞞。 好衝突，不好合作。 使用矛盾不一致及不負責任的手段。 用情緒及詭辯來說明他人。 與追隨者保持距離，要他們盲目服從。 好偶像崇拜。 善於操弄追隨者。

資料來源：（Bass, 1998; Bass & Steidlmeier, 1999）。

另一個值得深思的問題是，這樣的領導方式是否會導致追隨者對真實的轉變型領導人的依附性。有研究（**Kark** *et al.*, 2003）指出，追隨者會經由對領導人的認同而產生對領導人的依附，削減或喪失個人的獨立性。

◈◈ 真實型領導（authentic leaders）

真實型領導是從先天特質、自我意識、及自我約束的過程發展出領導的能耐。這類型領導人的特質跟轉變型領導人的特性有些重疊，但仍有其獨特之處。[6] 真實型領導人不一定能轉變他人，不需要有魅力或有遠見，但卻具有真誠、可靠、可信賴的品質，有自我意識、開放、透明及言行一致。再者，他們以正面的價值來行事，真正關心他人、不自私、表現樂觀、充滿希望及堅毅不拔、有能力對模糊不明的倫理議題做判斷、從多個角度來考慮問題、及依道德價值做決定。真實型領導人可以激發員工更大的希望、樂觀、堅韌力及自主力，令工作表現更佳。由於真實型領導人能展示對員工的關懷及做事透明，員工與領導之間產生正面情緒及互信，及對員工的發展有正面的影響力。[7]

◈◈ 倫理型領導（ethical leadership）

倫理型領導著重以倫理來領導部屬。[8] 依一個西方文獻中流行的定義（**Brown** *et al.*, 2005: 120），倫理型領導人的「個人行為及人際關係展示了符合規範的適當行為，及以雙向溝通、強化及決策在追隨者身上促進這類行為」。倫理型領導人有何特徵？如何測量？一項研究（**Treviño & Brown,** 2007）通過質量及量化的研究，從追隨者的角度來瞭解倫理型領導人的特

6　見（Luthans & Avolio, 2003; Avolio *et al.*, 2004; Avolio & Gardner, 2005; Gardner *et al.*, 2005; Michie & Gooty, 2005; Neider & Schriesheim, 2011）

7　見（Avolio *et al.*, 2004; Gardner *et al.*, 2005; Peterson *et al.*, 2012; Walumbwa *et al.*, 2008, Walumbwa *et al.*, 2010）。

8　見（Baserman, 1996; Brown & Mitchell, 2010; Brown *et al.*, 2005; Brown & Treviño, 2006; Den Hartog, 2015; Eisenbeiss, 2012; Rubin *et al.*, 2010; Treviño & Brown, 2007; Piccolo, 2010）。

質，及這類領導人跟員工的倫理有關的行為的關連。這個研究的樣本來自
20 位美國大型企業的在職及退休的執行長及 20 位任職於美國大企業的倫理
執行員，分析發現倫理領導人有兩個成份：倫理的個人（moral person）及
倫理的經理人（moral manager）。

　　倫理個人的特質是：關心員工，誠實、可信、有原則、有說服力、及
在個人及專業生活上堅持做對的事，做決定時是依據道德價值及倫理決策
規則，為人公正，開放及具備敏銳的倫理意識，對不同的利害關係人的利
益及長遠後果表示關心，並且對目的與手段同樣地重視。另外，倫理經理
人的主要特質是：制定明確的倫理行為準則，對追隨者明白宣示這些準則
人人（包括領導人）必須遵守（這個做法可以預先影響追隨者對倫理的態
度）。此外，使用獎勵及紀律來處理跟倫理有關的行為；及毫無掩飾地要
影響部下的倫理行為。[9] 綜合言之，倫理領導人有 10 項特質（Brown *et al.*,
2005）：私人生活合乎倫理、成功不單看結果，還要看相關的手段、聆聽
員工心聲、對違反倫理規則的員工做紀律處分、決定既公平亦平衡、值得
信賴、跟員工討論商業倫理或價值、做對的事，並以此為榜樣、為員工的
最大利益著想、在做決定時，著眼於什麼是對的事（見表 6.2）。用這 10
項特質做變數來跟其他變數做相關性分析，發現倫理領導關心他人、跟人
互動時保持公正、領導過程中的誠實、值得信任、與轉變型領導人的良性
影響力等都有重要的相關性，而與凌虐型的監督有負面的相關。這些變數
亦可以用來預測其他的組織行為，包括員工對工作滿意、投入，員工認為
領導人是否領導有效，及是否願意向管理層報告問題等。在辨識領導型態
方面，這組特質可以做為測量領導人是否屬於倫理型的指標（Treviño &
Brown, 2007），同時亦可以用來測量上司誠信的指標（見本章附錄，表 6.5
之領導人誠信的感知測量表（Perceived Leader Integrity Scale））做比較。

---

9 研究的訪談人很少會陳述倫理領導人是轉變型，亦很少用「真實」這個名詞來形容倫理
　領導人。關於自覺方面，資料表示倫理領導人似乎對他人比對自己更有自覺。再者，訪談者很
　少用有膽識或敢冒險來形容倫理領導人。

表6.2　　倫理領導人的10項特質
倫理領導人的10項特質
私人生活合乎倫理。 成功不單看結果，還要看相關的手段。 聆聽員工心聲。 對違反倫理規則的員工做紀律處分。 決定既公平亦平衡。 可以信任。 跟員工討論商業倫理或價值。 做事上，就對的倫理方向上做出榜樣。 為員工的最大利益著想。 在做決定時，著眼於什麼是對的事。

資料來源：（Brown *et al.*, 2005）。

　　這個倫理領導量表的優點是簡單易用，可是不足之處似乎是過分的簡單，因為倫理領導可能涉及更多的面向。另一個對領導倫理的內容做更完備的建構（Kalshoven *et al.*, 2012），包含 7 個面向：以人為本（people orientation）、公平（fairness）、權力分享（power sharing）、關心永續發展（concern for sustainability）、倫理指引（ethical guidance）、角色釐清（role clarification）、誠信（integrity）（表 6.3）。每個面向的內容分別如下：以人為本的內容（項目）：對人的感覺及工作表示關心、找時間來跟人接觸、關心部屬個人的需要、真心關照部屬的發展、部屬遇到難題時表示同情、關照部屬。公平的內容：對部屬無法控制的事不會向部屬究責、不會向部屬追究部屬無法控制的工作、不會要部屬為不是部屬的錯誤負責、不會利用部屬來達到他／她個人的成功、不會只關注他／她自己的目標、不會操弄他人。權力分享的項目包括：容許部屬對重要決定有影響力、徵詢部屬有關組織發展策略的意見、向部屬下放具挑戰性的責任、容許部屬在制定個人績效目標時扮演重要角色、不會禁止他人參與決策、不會只聽取那些直接向他直接報告的人的意見。關心永續發展的內容是：喜歡在環境友善的環境中工作、對永續性問題表示關心、在單位內帶動物件的循環再用。倫理指引的項目：清晰地說明有關誠信的行為守則、向部屬清楚陳述所期望的誠信行為、釐清誠信指引的細則，確保部屬遵守守則、釐清部屬及同事觸犯不倫理行為的可能後果、鼓勵部屬討論誠信問題、對遵守守則的部屬表揚。角色釐清的內容：列明組織期望每個人的績效的明細，對這些明細加以說明、釐清優先次序、釐清每個人的責任。誠信內容是：信守承諾、對其所言可以信任、說話算數。這 7 個面向包含了 38 個項目（指標），無疑比包含 10 項量表更能細緻地展示倫理領導的內涵，值得注意的是，量表是參考西方社會而制定的，不一定適用於東方社會。

表6.3　職場倫理領導量表	
面向	**項目／指標**
以人為本	對人的感覺及工作表示關心、找時間來跟人接觸、關心部屬個人的需要、真心關照部屬的發展、部屬遇到難題時表示同情、關照部屬。
公平	不會做下列的事：對部屬無法控制的事向部屬究責、向部屬追究部屬無法控制的工作、要部屬為不是部屬的錯過負責、利用部屬來達到他／她個人的成功、只關注他／她自己的目標、操弄他人。
權力分享	容許部屬對重要決定有影響力、徵詢部屬有關組織發展策略的意見、向部屬下放具挑戰性的責任、容許部屬在制定個人績效目標時扮演重要角色、不會禁止他人參與決策、不會只聽取那些直接向他／她直接報告的人的意見。
關心永續發展	喜歡在環境友善的環境中工作、對永續性問題表示關心、在單位內帶動物件的循環再用。
倫理指引	清晰地說明有關誠信的行為守則、向部屬清楚陳述所期望的誠信行為、釐清誠信指引的細則，確保部屬遵守守則、釐清部屬及同事可能觸犯不倫理行為的可能後果、鼓勵同事討論誠信問題、對遵守守則的同事表揚。
角色釐清	列明組織期望每人的績效的明細，對這些明細加以說明、釐清優次先次序、釐清每個人的責任。
誠信	信守承諾、可以信任他／她會做他／她所說的，可以信任他／她會兌現其承擔、經常說話算數。

資料來源：（Kalshoven *et al.*, 2012: 58）。

◈◈ 德行領導

　　領導含有厚重的文化元素，不同的文化所養成的領導肯定是有差異性的，由於德行跟文化密不可分，因此德行領導的內涵必然包含豐富的文化特殊性（Dickson *et al.*, 2011, 2012）。基於這個瞭解，在以西方文化卜構建的倫理領導觀念外，納入反映中國文化的德行領導與之相對照，會呈現一幅更繁富多元的倫理領導的圖像。近年臺灣的心理學家企圖構建近似於倫理領導，但適用於華人社會的德行領導觀念，以經驗方法協助辨認德行領導的內容，及構建德行領導的概念，取得 6 個構面及相關的內涵（徐瑋玲等，2006）。這 6 個構面及其相關行為內涵如下：一，公平無私：賞罰分明，不以情害理、公平處理，不偏袒、不包庇近人熟人；二，正直不阿：見義勇為、不同流合污、不畏權勢、堅持是非；三，廉潔不苟：不取不義、不以權謀私、不假公濟私、不占別人或組織便宜；四，誠信不欺：言行一致、表裡如一、誠實、信守承諾、不因人異；五，心胸開闊：虛懷若谷、虛心受教、容人海量、心胸寬大、不妒嫉他人；六，盡責模範：有擔當、不卸責、不求他人做己做不來的事、帶頭解決困難、以身作則、為人表率（表 6.4）。德行領導可視為倫理領導的華人版本，其內涵可以跟倫理領導的內容做比較，辨認兩者之異同。

表6.4　德行領導的面向定義及行為指標		
面向	**定義**	**行為**
公平無私	行事公平、不偏袒近人	不會以部屬與他的交情來決定賞罰。 不偏袒與自己親近的人。 公平對待所有部屬。 處事公正，不包庇自己人。 不會為親近的部屬掩飾過錯。
正直不阿	剛正不阿、有道德勇氣	別人受到不公平的對待，會仗義直言。 看到不合理的事，會挺身而出。 有道德勇氣，不同流合污。 不畏權勢，堅持是非原則。

表6.4　德行領導的面向定義及行為指標（續）		
廉潔不苟	不謀私利、違規及損人	不貪求不法所得。 不會利用職務之便，接受不當招待。 不會假公濟私。 不占別人或組織便宜。 不因職權之便，收受金錢或禮物。 不利用個人職權來圖利自己。
誠信不欺	誠實守信、言行一致、裡外如一	言行一致，說到做到。 為人誠實，不說謊話。 信守承諾，說話算數。 同一件事，人前人後說詞一致。 心裡想和行為表現一致。
心胸開闊	虛心受評、寬容、不忌妒、不猜疑	有接受別人批評的度量。 能虛心接受別人的意見。 即使不接受他的意見，也不會介意。 不會計較別人無心之過。 心胸開闊，不會斤斤計較。 不會妒嫉比他有才華的人。
盡責模範	有擔當、肯負責、能認錯及改錯、為部屬楷模	出錯時，不會把責任推給別人。 單位內的事，會負起責任。 勇於承擔應負的責任。 做事有擔當，不會推卸責任。 不會要求別人做自己做不到的事情。 訂下的規矩，自己一定遵守。 遇到困難的工作時，會帶頭做起。 以身作則，做部屬的好表率。 是做人做事的好榜樣。

資料來源：（徐瑋玲等，2006: 141）。

　　根據其他的研究（Resick *et al.*, 2006; Resick *et al.*, 2011），西方倫理型領導的特質，包括品德／誠信（character / integrity）、利他主義（altruism）、集體動機（collective motivation）、及鼓勵部屬（encouragement）、問責性（accountability）、尊重他人及為他人著想（consideration and respect for others）、公正及不歧視（fairness and non-discriminatory）、態度開放及有彈性（openness and flexibility）等，不單適用於西方社會，同時亦是全球非西方文化中被認同的領導特質，雖然不同文化對這些特質有不同的解讀及落實方式。換言之，領導的倫理要素有跨文化的適用性。

倫理領導的成因

◈◈ 個人因素

瞭解倫理領導的特質後，接著要問的是，這類型領導是怎樣養成的？答案是個人因素、組織因素及問題因素都是成因。個人因素包括了人格特質、動機、道德能耐、倫理信念等；此外，組織因素是領導人活動的組織環境，而領導人面向問題的倫理特性亦是其養成條件（Brown & Treviño, 2006）。先談個人因素中的人格特質。心理學有關人格學的主流論述將人格特質分為五大類型：外向型（extraversion）、神經質型（neuroticism）、親和型（agreeableness）、自律型（conscientiousness）及開放型（openness）。每類型都有相關的特徵：具外向型的人喜歡結交朋友、待人親切；親和型包含了利他傾向、信任他人、善良及容易跟他人合作；自律型內含了可信賴性、獨立性、責任感、意志堅定；神經質型的人有焦慮、衝動、對人敵意及經常心感壓力等傾向；而開放型的人則具想像力、好奇心、及有藝術氣質。依研究，只有自律型、親和型跟倫理領導的特質有正面相關性，而神經質型則跟倫理領導特質有負面相關；外向型及開放型比較跟魅力型領導人有關，跟倫理型領導特質關連不大。

一般的有效領導人具備了不同的動機：權力動機、成就動機及聯繫動機，但三類動機的強度並不一樣，權力動機最強，成就動機屬於中度，而跟他人建立聯繫的動機則屬於中至低度。領導必須具備權力，位於領導位置的人自然有強的權力慾，但為了什麼目標而使用或擁有權力卻有差別。領導人的權力動機主要分為兩類（McClelland & Boyatzis, 1982），一類是用權力謀取個人的名利，這類個人化權力（personalized power）之目的是私利的極大化；另一類社會化權力（socialized power）是利用權力來為他人謀取利益，並對權力使用多所節制。對權力的節制反映了社會化權力使用者對制度權威的尊重，遵守紀律及能自我約束，對他人關心及尊重公平的結果等。社會化權力使用者比個人化權力使用者更為倫理。倫理領導應跟社會化權力動機有關連，與個人化權力無關。

領導人的解決倫理能力的倫理思維能耐，亦可以窺見倫理領導人跟一般領導人的分別。倫理領導人應具備如葛博（Kohlberg, 1969）的倫理發展理論中第三層次的倫理思維能耐，即具備複雜倫理思維能力、辨識事件中的倫理涵義、能挑選普遍性倫理原則來協助判別事件或行為的倫理性，而不是單從利害關係或墨守社會成規習俗及法律做判斷。有此能耐的人能區別及辨識複雜的人際關係及處境，從多個角度來審視問題，及認識到難題的解決可以有多個的方案（Turner & Barling, 2002）。研究發現（Ashkanasy et al., 2006），善用原則思考或解決倫理難題的人能做出更多符合倫理的決定。

倫理信念方面，不擇手段只求目的信念跟倫理領導人格格不入，理由是倫理領導人不單會考量目的是否有正當性，同時亦重視達到目的之方法在道德上是否適當。不擇手段的領導人為了達到目的，不惜用欺瞞、操弄、栽贓、陷害、威嚇、打壓、誣告、誹謗、行賄等狗屁倒灶之手法，而不會覺得不妥或感到不安。這些手法由於根本上與倫理背道而馳，倫理領導人不會採用。倫理領導人為他人利益著想，做事力求避免傷害到他人，其倫理信念包含一些人類美德，如誠實、正直、盡責、勤奮、公正、信任等，及一些合理的倫理原則，並且力求行為要由美德指引，為倫理規範所約束。

◈ 組織因素

組織環境內的三個因素，跟倫理領導之養成有密切的關連。首先，人與人之間可以互相學習，而組織本身就是一個社會學習的場所。有些人的行為與態度可以成為別人模仿的角色楷模。組織內若出現倫理角色的楷模狀況（ethical role modeling），此狀況所展示的行為會成為有心學習人之仿效對象，而相關的行為結果亦會被觀察到而加以學習。如上文言，倫理領導的特質，如誠實、公正的處事態度、不迴避倫理問題、制定倫理守則、及以身作則遵守等行為，都會被有心模仿者觀察到而加以學習，並成為自己的處事態度及行事方式，在倫理領導的養成過程中不斷成長及成熟，成為倫理領導人。研究顯示，[10] 倫理領導人都承認在職涯中遇到可以成為楷模的師父，同時，自認在職涯早期遇到倫理楷模的位於領導地位的人都有很大機會被他人視為倫理領導。由此觀之，能夠找到一個近距離的倫理角色楷模應跟倫理領導的養成有正面關連。

組織之倫理文化（ethical culture）或倫理氛圍（ethical climate）是第二個影響倫理領導的環境因素。文獻上，組織倫理文化跟倫理氛圍有不少重疊的地方，有些論者都將兩觀念做為類似觀念使用。這裡擬將兩者做區分，倫理氛圍（Victor & Cullen, 1988）的範圍比較狹窄，倫理文化比較寬廣，前者是後者的組成單元。組織倫理氛圍指的是組織內成員對有倫理內容的組織程序及其日常運作的感覺或看法。氛圍可以為成員界定或區分在職場內哪些行為是合乎倫理的、哪些是違反倫理的，或哪些是對的或錯的行為。不同氛圍的核心內容會形成不同類型的氛圍：有些氛圍唯利是圖、有些蕭規曹隨、有些則尚義輕利、有些以義制利，分別會導引出不同的行為指引及規範，界定什麼是應做的、什麼是不應做的、什麼是可容許的、什麼是不可容許的等。另外，不同的氛圍會衍生出不同的行為，影響倫理決策。值得注意的是，氛圍主要涉及成員的感覺，屬於認知層面之事。比氛圍更廣的是倫理文化（Treviño & Nelson, 2007），組織內可用來支援倫理或不倫理行為的正式及非正式的行為控制系統，包括領導、獎懲機制、行為守則、政策、決策程序、同儕行為等。研究顯示，支援倫理行為的倫理文化跟成員的倫理行為有正相關，而跟成員的不倫理有負相關（Treviño et al., 1998）。這個關係不單在理論上應如此，同時得到經驗的證實（Ashkanasy et al., 2006; Treviño & Youngblood, 1990）。

---

10 Brown & Treviño, 2006, *Role modeling and ethical leadership.* Paper presented at the 2006 Academy of Management Annual Meeting. Atlanta, GA., quoted in Brown & Treviño, 2006: 613。

◈◈ 問題之倫理強度

倫理領導形成的第三個要素,是出現的倫理問題所具備之倫理強度狀況。問題之倫理強度(moral intensity)的兩個重要面向:一,問題所蘊含的後果之嚴重性:問題所可能導致的可能傷害;二,社會是否對問題的看法有共識(參考第四章,組織倫理行為)。對倫理領導而言,後果之嚴重性是至為重要的,理由是倫理領導會關心行為的結果是否會對利害關係人構成傷害。若潛在的傷害是巨大的,領導人如何處理這類行為可助於區別他是否屬於倫理領導。若領導人面對這類問題時能展示真正的倫理關懷,及尋找符合倫理的方式來解決問題,旁觀者會認為這類領導人是倫理的。對照之下,若領導人根本不關心行為對他人的傷害,或解決的方法不符合倫理要求,則領導人會被認定不是倫理領導。

領導的組織效應

處於組織之領導位置上的人的一言一行,對周圍的人影響很大。因此,他們必須有好的品德及好的行為,才能在組織內扮演道德的模範生,讓他人模仿學習,修煉倫理態度及行為。若領導人操守敗壞、心術不正、是非不分、以權謀私、偏頗不公,就會「上樑不正下樑歪」,上行下效,組織倫理必然崩壞。就理論言,倫理領導可能會為組織,尤其是對追隨者(部屬)的行為帶來正面影響(De Hoogh & Den Hartog, 2008; Mayer *et al.*, 2009)。[11]

首先,由於倫理領導重視組織倫理,包括對倫理價值的真誠關懷,在做決策時做周全及審慎的倫理思維,不偏頗、不專斷、不將問題簡單化,辨識不同的選擇,關心及考量不同利害關係人的利益可能受到的衝擊,兼顧組織的短期及長線利益等。久而久之,倫理領導人之身體力行扮演了模範生的角色,成為部屬模仿學習的對象,因此會提升部屬的倫理素質,對組織的倫理決策有正面的影響。其次,由於領導人對倫理的真實承擔,真誠地關心部

---

11 參考(Toor & Ofori, 2009; Niu *et al.*, 2009; Piccolo *et al.*, 2010; 張永軍,2012;梁建,2014)。

屬，部屬因感受到真正被尊重及倫理地對待，由感恩之情而產生報恩之行乃自然而然之善的回報，而對領導人的報恩同時會投射到組織身上而產生種種支持及力挺組織的行為，包括組織忠誠、組織信任、組織承擔、超義務行為。組織的大部分員工若具有這些善行，工作的動機及滿足感自然會高，有利組織的生產力（競爭力）。除此之外，若組織成員普遍受到倫理領導的良性影響而產生親組織行為時，不利生產或敗壞組織的行為則會相對地減少。這是倫理領導帶來的第三種效應。組織成員是否敢講真話，願意建言，對組織生存發展都異常重要。敢講真話就能指出錯誤及弊端，讓真相不被掩蓋；願意建言可提供多元視野，防止單一思維、自我封閉及一言堂現象。倫理領導對成員建言等都有積極的作用（梁建，2014）。

事實上，不少的組織破壞行為都跟管理者或領導人做事不公、惡質管理等有高度的相關性。經常濫權惡待部屬的上司肯定會令員工心生不滿及怨憤，若沒有適當的渠道來糾正這些不當行為，怨氣會演變成怨恨及怒氣，成為報復及破壞的火種，最後演變成各式各樣的破壞性行為，包括偷竊、毀壞器材、在外散布組織壞話，甚至造謠抹黑，傷害組織聲譽，極端的還會在產品上下毒；此外，還會衍生對組織的消極行為：疏離、不信任、不合作、不投入、缺乏熱情、退縮、怠惰、離職。每一類反組織行為都有附帶的成本，缺乏倫理關懷的組織每年由於這類破壞性行為付出難以估計的代價。

領導與用權技巧

如何行使權力會產生不同的影響力，改變他人的行為或態度（Cialdini, 2006）。談用權之道，首推先秦法家代表人物韓非，其傳世之作《韓非子》對權力的系統論述確是精彩絕倫，同輩無人能出其右，堪稱中國傳統帝王術經典之作。但韓非純從君權至上及現實主義出發，只關注帝王如何保住權力，使用權力來保住江山，如何用權術來駕馭臣民，並不關心權力使用的倫理。義大利文藝復興時期的尼可洛‧馬基維利（Niccolo Machiavelli）（1469-1527），在君主權力及治術上的論述在西方的政治理論上地位顯赫，代表作

《君主論》（*The Prince*）闡述了君主用權的道與術，與《韓非子》相映成趣。馬基維利跟韓非一樣都是尊君論者及權力的現實主義者，權力就是用來統御臣民，為達到目的什麼手段都可以。君權至上雖然在今天已成歷史，但不問倫理使用權力是否就能將組織治理好，則是一大疑問。

一般而言，經理對部屬的行權軌跡是垂直的自上而下；同事對同事的影響軌跡是橫向的；而部屬對上司的影響是由下而上的。組織學者區分了多種用權技巧及其效應，最有效的幾種用權技巧包括理性說服、啟發性訴求、諮商及聯手合作。[12] 值得留意的是，這些技巧運作時是將權力備而不用、藏而不露。理性說服的技巧主要是用事實及邏輯來支持一個主張、政策或建議，令對方信服及接受，或參與行動。啟發性訴求是訴諸對方的價值及理想，引發對方相關的情緒及態度回應。諮商的技巧是讓對方一起參與研議及決定如何達成一個看法或目標。這個做法加強對方在相關事件上的投入感，感到自己有本份要將事件完成。聯手合作的方式是影響者利用包括提供資源時間或知識，將事件變得更容易處理，或去除有關障礙等方法，協助受影響者完成任務。以上技巧的可能效果是，受影響者被說服，全心全意依影響者的目的行事，同時，受影響者在行為及態度上都有改變。另一組用權技巧是利用取悅對方、討價還價、訴諸關係、個人利害算計等來達致影響力，在效果上第二組遜於第一組。取悅其實是一種糖衣政策，用讚美或友善來博取合作。討價還價基本上是在做交易，用實質的利益來換取對方的支持及參與。訴諸關係是以個人的私交或恩惠來影響，私交恩惠愈深效果愈大。利害算計就是赤裸的利益交換，接受影響的人會獲得個人利益（非組織的利益）。這組技巧的可能效果是，受影響者依影響者的要求行事，但不一定表裡如一。

上述兩組的技巧背後就是備而未用的權力，但當技巧隱退，權力之劍出鞘時，影響力就來自赤裸的壓制性的力量，對方不得不服從，不得不就範。雖然如此，權力直接的行使亦應遵守規範，有章有法，排除其隨意性才能奏效，方能服人。總之，權力的擁有及運用，有正道與邪道之別。權力之正道是根據合理的目標、價值、及有道德正當性的規範（如公開、透明、正義等

---

12 見（Coquitt *et al.*, 2009: 448-449）。

原則）來配置及運作。相反的，權力的邪道是由私利驅動，以隱藏、不透明、違反正義及組織法規、及缺乏道德正當性的方式來分配及操作權力（見第二章，組織生態）。權力的運用有利有弊，視乎如何使用（DeCelles *et al.*, 2012）。無論如何，符合正道之權力使用才能達致組織目的之完成，為組織帶來利益，提升組織價值。依循邪道之權力操作則溺於私利來犧牲組織利益，陷組織於不義。因此，領導必須正視權力的配置及運用，確保權力依循正道，杜絕權力陷入邪道。

追隨者之特質

領導過程的兩端分別是領導人及追隨者（被領導人），事實上，沒有追隨者就沒有領導，因此領導跟追隨者其實是一事之兩面。近年對追隨者及追隨過程的討論愈來愈多元及廣泛（Uhl-Bien, 2014; Crossman & Crossman, 2011），有助於對領導理論的深化。領導學一向聚焦在領導端，對追隨者及追隨過程未有廣泛以及深入的探討。本段簡述追隨者的特質做為對領導的討論之補充。

一般都認定追隨者是被動的，是領導人的依附者及遵從者。近年的研究（Baker, 2007; Crossman & Crossman, 2011）對追隨者有更深入的觀念開拓，揭開了領導與追隨之間是一種互相依賴的關係，追隨者不全是被動的或只會服從的，他們有主動及積極的一面，例如，追隨者在服從領導的權威的同時亦會對其權威提出質疑。有效的追隨者還具備以下的特質：做事主動、肯負責任、行為自主性高、思想具批判性，但卻不會無理抗命及對上級不敬。依一個提法（Nelson & Quick, 2009: 418-419），追隨者或部屬可依兩方面做分類：一，被動與主動；二，獨立批判思想跟依賴盲從思想。第一類被動但卻能獨立批判思想的部屬，與領導人呈現疏離狀態，在心理及情緒上跟領導人有著隔閡。這類員工是潛在的惹事分子，對組織可能製造麻煩或亂象。第二類是被動但思想缺乏獨立及批判的員工，是一群對上司唯命是從的人，不會質疑上司所指派的工作是否適當、是否正確、方法是否有效、及工作所產生的效果是否可接受等。就算明顯是違規犯法的工作，這類部屬都會盲從地執行。第三類是無批判思考但行動卻是很主動的「馬屁精」，經常討好奉承領導人，令領導人誤以為自己的想法舉世無雙、才高八斗，形成他們不自覺地陷入自欺及自戀的虛假中而不能自拔，等到發現錯誤時卻為時已晚。因此，「馬屁一族」是最危險的部屬，將陷組織與領導於不義之中。第四類的部屬是有批判思考及行為主動，他們是組織內最難得及必須珍惜的人才。這類部屬通常有以下的特質：能自我管理好自己的事務、責任心很強。其次，他們認同組織的目標及價值，不會伺機自肥或以自我為中心。再者，他們不斷加強及提升專業知識、技能、及專注工作，發揮最佳的工作效能；尋找挑戰，從中學習及向上提升。此外，他們夠勇敢、誠實及可信。

不難想像，第四類追隨者應是好領導及組織所需要的。原因是，就算是英明的領導都不可能是無事不知、無事不能的，因此犯錯實難避免。若領導人身邊盡是唯唯諾諾、阿諛奉承之輩，沒有第四類追隨者之獨立思考、敢於直言，領導就會自以為是、容易犯錯、死不認錯、一錯再錯。好領導亦要有好的追隨者，兩者存在良性的依存關係，如牡丹綠葉，雙得益彰。回顧中國歷史，唐太宗之所以能成為千古明君，跟諫臣魏徵的耿直賢能、能諫敢諫，與太宗本人心胸廣闊、虛心納諫有密切關係。無論如何，沒有賢臣魏徵則沒有明君太宗，這千古難遇的賢臣明君共治，為貞觀之治留名千古。

領導與組織倫理

綜合言之，幾個主要的領導型態，倫理都是不可少的成份。此外，如上文指出，一些領導的倫理要素是跨越文化的，成為不同國家或文化所尊崇的領導特質。就組織倫理而言，除了倫理型領導對組織的一些良性的效應外，我們有理由相信，倫理型領導跟組織倫理的其他面向都有密切的關連。理論上，若領導能充分地落實其倫理領導的特性，如真切的關懷員工、行為兼顧目的與手段的倫理性、關心組織的長線發展、重視利害關係人的利益等，應會促進及加強組織如組織正義、組織信任、組織承擔等的陽光元素，這些良性特質亦會反過來促進倫理領導，形成一個善的循環，互相促進、相互加強。

最後，對華人社會的領導型態在此做一簡要補充。由於長期受到專制政治及儒學親親尊尊禮教的影響，華人社會一向重尊卑、明親疏、辨等級。今天大中華地區的幾個華人社會，都經歷過不同程度的自由化及現代化（中港臺）或民主化（臺灣），尊卑及等級觀念雖比傳統社會來得薄弱，但對權威的崇拜及敬畏，在人們的行為上亦隨處可見；社會中的權力差距（power distance）遠比英美社會的大，中國大陸尤其有明顯威權型態官本位的社會，而威權式領導及家長式領導（paternalistic leadership）是這些社會的常態。因此，華人社會中的威權式領導及家長領導跟組織倫理，尤其是與正向的組織行為究竟有何關係，是值得進一步探討的領域。近年開始有華文研究正朝向這個方向（周婉茹等，2014；周建濤等，2012；張燕等，2012；景保峰，2015），成果可期。[13] 最後，由於篇幅所限，其他的領導面向，如個別的領導行為的過程（如倫理決策、倫理溝通）之細則、特殊狀況下（如組織出現弊案，或面臨倒閉等危機）的領導過程都未有論及。事實上，要深度及全面探討這些問題，必須留待領導學的專著了。

---

13 其他近年相關的華文研究文獻列於參考文獻。

附錄

以下的量表用來測量你直屬上司的誠信。此表亦可以給你的下屬來測量你的誠信。分數愈高（最高為124），表示被測量的對象誠信愈低。評分表：1＝完全沒有；2＝有些時候；3＝很大程度；4＝完全正確。

表6.5　領導人誠信的感知測量表（Perceived Leader Integrity Scale）

 1. 利用我的錯誤，對我做人身的攻擊。
 2. 經常向我做報復行為。
 3. 對自己寵愛的下屬特別關照，但沒有我的份兒。
 4. 向我說謊。
 5. 蓄意利用同事間的衝突煽風點火。
 6. 邪惡。
 7. 用工作績效評鑑來對我做人身的攻擊。
 8. 他自己犯錯，但要我替他頂罪。
 9. 若有利於他的名聲就會偽造文書紀錄。
10. 缺乏高水平道德。
11. 用我犯的錯誤來取笑我，不是教導我如何改善工作。
12. 刻意誇大我的錯誤，在向其上司報告我的工作績效時，有意令我難堪。
13. 記仇記恨。
14. 自己犯錯誤卻指責我。
15. 逃避對我的指導，因為存心想我失敗。
16. 若我屬於另一族群可能會對我好一些。
17. 有意扭曲我的話。
18. 刻意使同事之間彼此不滿。
19. 偽君子。
20. 壓抑我的受訓機會，阻止我擢升。
21. 認為會全身而退時就會威脅同事。
22. 拒絕我的請求時，他會感到過癮。
23. 若我找到他的痛腳時，會給我找麻煩。
24. 剽竊我的點子來為自己領功。
25. 從組織中偷竊東西。

表6.5 領導人誠信的感知測量表（Perceived Leader Integrity Scale）（續）

26. 為了報復他人而陷我於不義。
27. 對組織造破壞。
28. 若不被揭發的話，會將看不順眼的人解僱。
29. 做違反組織政策的事，然後想下屬替他掩飾。

總分＿＿＿＿＿＿＿

資料來源：（Craig & Gustafson, 1998:143-144）筆者對此稍作刪減。

7

打造組織倫理

除了辨識組織的善行與惡行，探討其成因及所導致的後果外，如何打造及管理組織倫理同樣是組織倫理學的重要課題（Tenbrunsel & Messick, 1999; Tenbrunsel *et al.*, 2003; Reilly *et al.*, 2012）。[1] 前面的討論對有利於組織的善行，及有害於組織的惡行（含腐敗行為）已有詳細的論述，在此基礎上，本章提出組織倫理的基本原則，並論述組織倫理的三大基本元素：人員、體制及文化。人員包括了組織成員及領導；體制包括組織的權力結構、程序、規範、誘因、及管理模式；文化包括核心價值、基本信念、及倫理氛圍。本章的要旨是，打造組織倫理就是要發展及維護這三大元素，使之成為組織的核心元素。[2]

組織倫理之基本原則

討論接近總結時，問一個基本的問題：組織為何存在？這個攸關組織之存在性問題（existential question），以純經濟學、或社會學、或組織學角度的回答，都可能只捕捉到真相的一面，未能盡窺全貌。這個大問題包含了一連串重大的問題：組織與人、組織與社會（含政治）、組織與大自然，究竟應有何種關係？組織應如何對待人？組織應如何回應社會？組織應如何與自然環境共存？未能扣緊這些問題的性質，回答便會失準。如文首所言，組織是人類了不起的創造，是為了解決生存及發展的有效合作而形成的社會網絡。人類幸福離不開生存與發展，解決生存必須滿足人的飲食、居所、人身安全等基本需求，基本需求未獲滿足，幸福是無從開始的；發展是在生存需求得到保障之下的更高層次需求的滿足，如自由、正義、尊嚴、權利等。要達到這些目的，組織這個社會合作網絡必須具備效率與倫理兩個基本要素，而倫理比效率更為重要，因為合作所需的信任及公平正義等倫理要素若受到效率的損壞，合作不單會變得沒有效率，還會崩壞。因此，為了效率而犧牲倫理

1　更多的文獻：（Melé, 2003; Paine, 1994; Sims, 1991, 1993; Reidenbach & Robin, 1991）。

2　本章少部分材料取自：朱建民、葉保強、李瑞全，2005，《應用倫理學與現代社會》。頁281-301。蘆洲市：空中大學。

要付出更大的成本，是不能持續的。綜合以上各章的討論，倫理在組織的必要性是無庸置疑的，而這應該是打造組織倫理的大前提，是組織的基本原則。下面提出組織倫理的基本規範性原則（normative principles），做為建構倫理組織的基本規範及指引：

一、承認倫理是組織的核心元素，是生存及發展的甘泉活水，並以行動來落實這個基本信念。

二、審慎挑選具備倫理正當性的價值，並以此設計組織結構及過程，制定規範及指引，支持及促進組織的日常運作與長線發展。

三、採納及發展正確的基本信念，配以長線廣闊平衡的視角，理順組織與社會之關係，瞭解組織在社會應有之角色，及與其他利害關係社群應有的關係。

四、發展及維護能以倫理為本的組織結構過程，以倫理及正義對待組織內外的利害關係人，制定及執行符合倫理準則的政策及程序。

五、發展及維護倫理文化，令組織尊重權利、正義、誠實、真理、責任、回報等價值。內外的利害關係人的利益及權利都受到尊重及關照；表揚好人善行，鼓勵組織向善；抑制惡人惡事，防止組織腐敗。（倫理文化的落實會對惡行，包括不誠實、欺瞞、作假、栽贓、營私、怠惰、腐敗等惡行，產生壓抑及排擠作用。）

六、確認組織的生存與發展依賴於大自然之資源，應盡其回報的義務、善待生態環境、與自然和諧共存、實行永續的經營。

七、招募及珍惜德才兼備的盡忠職守的人才，給予適時的培育，讓其發揮抑惡揚善的示範作用，推動善的循環，輔助組織發展，維護、更新其價值信念及體制，與確保價值信念及體制政策互相融合無間、相互促進，令組織與時並進，回應社會所需、造福人群。

八、重視及發展具備倫理能耐的倫理領導，並令組織確認倫理在領導的重要性，及領導層有責任推動及維護組織倫理。

九、倫理的價值、信念、文化、人員、體制、領導構成了組織的倫理資本，是維護及發展組織倫理的關鍵性元素，管理組織倫理必須將之好好管理。

這九個原則的涵義簡單易明，不用更多的說明解釋（self-explanatory），它們彼此配合構成一個綜合架構，指引組織倫理建構及維護的方向。

人才

第四章組織倫理行為業已詳細論過，爛蘋果是組織倫理腐敗的主要因素之一，人員的道德素質對組織的倫理優劣起著關鍵作用。一直以來，不少組織的高層經常做「員工是最寶貴的資源」這類的宣稱，但不要誤解這些話就代表組織真心重視人才的品德，這話的真正意思其實是指員工是組織之生財工具，其「寶貴」在於能賺錢，不在於是否有品德。事實上，就算有些組織聲稱要求員工才德兼備，但大多都是口是心非，根本沒有太重視人員的道德品格，這些虛假的口號容易被戳破，因為組織的制度文化及人員都無法反映這種重視。這種虛假的人事惡習其實是導致組織倫理亂象或崩壞的主因之一。試想，充斥著爛蘋果的組織能奢談組織倫理嗎？

◈ 什麼是人才？

回到基本面，組織倫理的第一要素就是人才，組織的成敗繫於人的素質。這個近似老生常談的道理，小學生都會聽懂，但能將之真正落實的只有少數的優秀組織。事實上，這貌似簡單的道理要多加深思才能體會箇中深義。究竟什麼是人才？人才應具有什麼樣的素質才能維護及延續組織倫理？能認真思考這個問題及找到答案的，已經成功了一半。接著就是如何把人才招攬入組織，將他們配置到適當的位置上，讓他們發揮所長，同時要讓他們自願留下來繼續為組織打拼，輔助組織不斷發展。簡單地說，這就是組織倫理的人事政策的要項，即定義人才、招才、育才及留才。

　　回到人才的定義，組織倫理需要的人才除了知識、技能、才能之外，同樣重要的特質就是其道德能耐：道德意識、解決道德問題的能力、道德情感、及為善之意志。此外，遇到應該行為時，智、情、意便被啟動衍生行為，即，人才具備有行善去惡的強烈行為傾向，在應作為時作為，不應為時不作為。思言統一、言行一致、說到做到；不會有思無行、只說不做、言行分家。具備這些特質的人可稱為道德完整的人、道德不腐敗的人（morally uncorrupted）。道德能耐要經年累月地養成，非天生而有，因此從低度能耐到高度能耐要經歷一段頗長的歷練，個人主動、有意識地自我修養至為關鍵，缺乏主動的、積極地自我提升及修煉，道德能耐是無法開展及茁壯的。

　　依華人傳統，具道德能耐者稱為君子，君子的道德能耐有程度之別，故君子亦可概分大、中、小三等。小君子具備能耐的苗頭，最低限的智、情、意、行，若沒有不懈的努力自我提升，其能耐可能會永遠停留在原點而無法提升；不單如此，若稍有懈怠鬆弛，可能會墮落腐化，成為道德腐敗分子，從君子淪為小人。中君子擁有中度能耐，比起小君子其道德歷練更多，因此較不容易墮落為壞分子。中君子若能不斷修煉，能耐會得以一步一步提升，最終達到擁有最高限能耐的大君子，其道德能耐已修煉成不可被腐敗的（morally incorruptible）境界，猶如擁有金剛不壞之身。從能耐的消長看，小君子到大君子之路，必須本著不打折扣的向善意志，克服種種倫理挑戰，不懈的修身提煉方可完成。大君子誠然是一個理想，現實生活中千萬中無一。中君子應能代表不少不懈修身的有德之士，他們具有穩定成熟的道德元素，是維護與提升組織倫理的中流砥柱，組織內愈多中君子，組織的倫理元素愈加厚實。小君子因存在不穩定因子，需要組織的維護及拉拔，才能減低受到壞化之害。要達到這個目標，除了組織內的培訓計畫及倫理機制可助小君子鞏固及提升能耐外，中君子可以前輩身分來示範固本，發揮引領及示範作用。中君子是組織倫理可靠及較容易獲取的元素，組織內若能持續擁有關鍵數目的中君子，組織倫理可歷久不衰。以上將有德之人分為三級旨在表示能耐厚薄之別，並不表示三級之間有明確的界線。重點是，組織倫理必須辨識好蘋果，並將之維護與提升，讓其發揮善的力量。

◈ 招才、育才、留才

有些組織對招募新人特別用心，投下大量的資源，運用測量技能及人格特質的量表來甄選新人，務求找到跟組織有高度配合的員工。在美國設廠的日本 Sabaru-Isuzu 汽車製造商招募員工所需時間就要半年，申請人要經歷各種不同的測試及評估，從眾多的申請人中選出極少數公司合意的員工（Graham, 1995）。麥堅斯顧問公司（McKinsey）及谷歌（Google）的招募新人尤其別出心裁（Fisman & Sullivan, 2013; Friedman, 2014），投入大量的人力及腦力，務求尋找到適合組織的最佳人選，為業界稱道。有些組織對申請人的專業及人品方面都重視，但如何有效識別品德則是一門大學問。在進入勞動市場時，個人道德人格大致上已經差不多定型。常識告訴我們，小人不會一夜之間就變成君子；同理，一個道德能耐殘缺的人很難在加入組織之後就很快變得尊德重義。一般而言，組織對成員的道德人格影響相當有限。在招募員工時，重視倫理的組織會投資在招募上，包括，有明確的人才定義及目標、設計好甄選及考核程序、相關甄選指標、培訓好面試官、審慎執行招募過程，精挑細選適合德才兼備的人才。在執行細則上，應徵者除了要考一般的筆試之外，還會經過幾個階段的面試，令公司可以取得申請人的一些重要而真實的個人資料，包括申請人的個人信念、核心價值、生涯規劃、個人嗜好等。有些公司還會僱用一些人力資源顧問來蒐集及嚴格核查申請人的背景資料。這些工作當然有一定的成本，但這些公司都非常瞭解，若不願負擔這些成本，日後可能付出更大的代價，所謂「請神容易送神難」正是這個意思。美國商會組織商業圓桌會議（Business Roundtable）在 1988 年的一份報告介紹了一些篩選申請人的方法（Stead *et al.*, 1990, 239）：化學銀行（Chemical Bank）要申請人在一份要求僱員遵守公司價值及倫理標準的文件上簽名表示同意，做為招聘過程的第一步。嬌生（Johnson & Johnson）在其申請入職文件中附上公司的倫理守則。

招攬到合適人才之後，接著是育才。公司要發展組織倫理，必須投入資源，培訓員工倫理，目的是提高員工對職場倫理問題之警覺性，教導及加強他們分析及解決問題的能力，同時培養及提升倫理感。這些課程通常是短期的，內容包括討論公司的倫理守則、發掘與確認其深層意義、及守則如何連結到其職場實務及日常工作。有的課程針對提高員工對倫理問題的辨析能力，導師採用真實或想像的道德兩難的個案，教導員工辨識倫理問題，及如何分析、如何解決問題。導師可以利用這些個案的情景，讓員工進行角色扮演，模擬面對倫理困局時如何解困，而在這類的角色代入的演習中，員工對倫理問題的敏感及意識會提升。課堂的訓練只是整體訓練的一個部分，而不是全部。其餘如組織的倫理友善體制及尊德重義的文化氛圍，及倫理領導，都必須互相配合，才是全面系統地育才。重要的是，組織倫理要長期的經營，定期的維護及改善（包含評鑑及回饋系統），才能真正在組織之內生根。倫理育才的最終目標是要提升員工的倫理能耐，令他們成為滋潤組織倫理生命的甘泉活水。

跟育才同樣重要的是如何把優秀的人才留住，鞏固他們的組織承擔，讓他們繼續為組織服務。優秀人才自然願意留在優秀的組織內，而好的組織自然會留住好人才，這是善的循環的規律。同理，有德的人自然願意繼續為有德的組織打拼，因為有德的組織（含領導、體制及獎懲機制）尊重珍惜有德的人，有德的人自然喜歡跟有德的同事共事，願意追隨有德的上司，而跟有德的人共事會更能發揮自己，有更多學習機會，更能做對的事，工作更為滿意及有樂趣，同時有榮譽感。而構成有德的組織除了有德人員外，還有維護及提升倫理的體制及文化，包括組織正義、信任、承擔及超義務行為等正面元素。這些元素跟人員、體制及文化都互相補強、互相促進，發揮善的效應。若組織能擁有這些元素，留才自然不是問題。

組織內人們彼此緊密合作，互相影響，來自上司及資深同事之影響尤其重要。上司有權，老同事厚資歷，兩者（尤其是上司）扮演了「重要他者」（significant others）的角色，一言一行都直接及間接影響員工的倫理思維、態度、行為。研究發現（Trevino, 1986; Arlow & Ulrich 1980; Carroll, 1978; McCabe *et al.*, 1996），若上司在道德上言行不一致，員工很少會認真看待上司的道德言辭講話，因為他們對上司失去信任。資深同事若有同類的壞示範，效果亦與此相差不遠。反之，若上司及同事是君子，就會發生良好的示範及加強作用，啟動善的循環，組織會聚集更多有德的善人。

體制

組織的結構與程序及鑲嵌在其中的規範及守則構成了體制，給予人員互動合作的行為框架，指引及約束人員的行為及互動，形成秩序。結構與程序已論過，不贅。規範與守則乃行為之大法，界定對錯行為，規定預期的行為及合作規則。另外，與之配合的是組織的監督（monitoring）及獎懲（reward and punishment）制度，它們是行為的誘因機制，擔負抑惡揚善的功能。值得注意的是，獎懲制度其實有兩種：正式的及非正式的。正式的獎懲制是組織公布及明文規定的規則，會依照需要而實際執行；非正式的獎懲是大家共同接受的組織潛文化，不必明說，但心照不宣，並且在適當時候可以通過同儕壓力、私語、疏遠、孤立等方式來對不倫理行為做出制裁。再者，體制元素還包括了有效的監督機制、偵測及防範不當行為，有效的監督可以揮抑惡的功能，在廣義上可算是一種制裁工具（sanctioning means）（Tenbrunsel *et al.*, 2003, Arlow & Ulrich, 1980）。

◈ 規範守則

組織依據基本信念、核心價值而制成倫理規範守則，界定組織人的義務權利、合作規範、及期望行為，做為組織人行為準則及指引，讓其知所行為（Healy & Iles, 2002; McCabe *et al.*, 1996; Somers, 2001; Tyler, 1990, 2005; Tyler & Blader, 2005; Sutton, 2007）。守則之制定是一項用心費時的工程，若草率為之必淪為一紙虛文。有效的規範守則必須遵守以下要件：一，規範守則應避免用空洞含糊的言詞，必須儘量用精確的語言把組織期望的行為及態度、員工的權利及義務、應為及不應為事項等一一清楚陳述出來。其次，組織應做充分的宣導及溝通，令成員知道、瞭解、認同規範守則的內容。只有基於自願及知情的接受，成員才會誠意真心地遵守規則。再者，要達到這個目標，守則制定的過程至為重要。最佳的做法是讓過程公開，人人都能參與，對守則的內容提出意見、辯論、修正等。過程雖然費時，但經此而形成的守則，由於有共識做基礎，成員會有更大的認同。有些組織除了適用於組織整體的守則（母規）之外，還鼓勵個別的部門，針對其特殊性，自行制定其部門的附加守則（子規）。組織若要有良好的秩序、保持高效率的運作、及有效地實現目標，應依循上述方式制定規範守則。然而，組織具備了好的規範守則若不切實執行，規範便會淪為官樣文宣，無助於組織倫理的維護，而成員感到組織不是認真的，亦不會遵守規範。

不少組織見到一些知名的公司寫得動人的倫理守則，就跟風來學做一套，但結果是令人啼笑皆非！上世紀 1990 年代初，香港政府的負責反貪污機構廉政公署推行公司倫理守則運動，目的是推動商業倫理。當時，不少公司為了宣傳，爭取見報率，紛紛響應這個運動，由廉署從旁協助自行制定守則。之後，不少公司都制定了自家的守則，還將守則副本存放在廉署的倫理中心。筆者曾到該中心翻查有關檔案，但發現絕大部分的守則除了公司的名稱及一些無關宏旨的裝飾語外，其餘內容幾乎完全相同，是從同一份由廉署提供的守則樣本照抄的！這樣兒戲的公司守則運動，能否有倫理效應就不言而喻了！一些專業團體如律師、會計師公會、建築師公會、醫師學會都各有其專業守則，列明成員應遵守的行為規範，但問題是，這些組織成員是否清楚守則的內容，是否認同或認真遵守這些守則，只有這些成員自己才知道。上世紀 1980 年代，美國研究揭露（Davis, 1984），很少會計師認識其公會的倫理守則。美國的安隆會計財務弊案醜聞揭露，不少相關的專業倫理被違反是相當普遍的。

◈ 監督及獎懲

人行善去惡，各有誘因推動。組織要有一套有效的誘因機制，揚善抑惡，獎善懲惡，維護及促進倫理行為。獎懲制度就屬這類誘因機制，目的是獎勵員工的倫理行為，懲罰不道德行為。就獎勵善行部分，應類似對有貢獻員工的獎勵一般，要公開、公正、透明及隆重，以示組織對倫理行為的重視。在懲處惡行方面，有些組織都低調處理，以顯厚道；有些則認為是「家醜」，姑息縱放，不予懲罰。這些都是不當處理惡行之舉，後果是製造了扭曲的誘因，及傳播錯誤訊息，令人誤以為做壞事是不需要付出代價的，為惡可以全身而退，這跟獎善懲惡的精神相違背，破壞組織倫理。適當的懲惡方式應比照獎善方式：公開、公正、透明、及嚴肅。這樣，組織會傳遞毫不含糊的訊息：善行受到支持肯定，惡行受到制裁否定；組織對倫理是認真的，有是非，不鄉愿。還有，獎懲制度要有效，必須有以下的配套措施：一，通報機制，包括了善行惡行的精確定義、報告渠道、報告程序、隱私保護，及相關的量度倫理行為的指標。二，對倫理行為獎懲納入員工年終的工作績效評鑑內。三，設立一個監督單位，對組織的倫理績效定期做出報告。執行獎懲時，可能會遇到一些困難。例如，若犯規的是位高權重的高層、「後台硬」的員工，或專長甚受組織器重的員工，組織是否會用同一標準處理，是考驗獎懲制度是否公正無私的重要指標。很多時，就算能證明這些員工有罪，組織亦基於其他的利益考慮沒有切實執行應有的懲罰，或含糊處理。這個做法會產生壞的示範作用，令制度的信用破產。無論如何，組織是否能一視同仁、公正無私及不論權貴地執行獎懲制度，是一面反映組織是否認真落實倫理的明鏡。

文化

很多組織在宣示其核心價值的官方文宣中，經常會出現「尊重員工」、「珍惜人才」、「愛護人才」、「重視誠信」這類亮麗的字詞，但所作所為卻跟言文之間有很大的落差，稍做查證就會發現，組織不少的政策及程序都反映不出尊重及珍惜愛護的內涵。原因究竟是什麼？這些價值是否陳義過高，難以落實？還是組織缺乏誠意，存心欺瞞？抑或不得其法，令價值無法落實？原因之一，組織沒有正當核心價值，或從來沒有用心尋找對的核心價值，或將價值錯誤排序，顛倒主次。不少組織不是價值模糊或錯亂，就是價值虛無，致令政策行為全純利益主導，成員唯利是圖、各謀私利、亂象頻頻。這種組織是腐敗的溫床、弊案的定時彈。構建組織倫理，組織首要的工作就是要找到對的價值（Collins & Porras, 1994），而對的價值是有道德正當性、有足夠的普遍性（與不同的文化共享）、禁得起倫理的考驗（Schwartz, & Bardi, 2001; Tyler, 2005, 2006）。例如，一些為很多不同文化所共享的人類基本價值（Schwartz, 1992; Schwartz, 2012），如安全（security）、成就（achievement）、快樂（hedonism）、普遍主義（universalism）、仁慈（benevolence）、自我引導（self-direction）等價值，是可以做為組織甄選自身價值的參考：起碼要挑選跟這些價值一致而不矛盾的價值，不同組織可因應其文化傳統而營造出其特殊的價值。依這些價值，可以發展及認定組織之善、組織之惡、及美德和惡德，做為倫理行為的依據（附錄：表甲及表乙）。無論如何，對的價值是組織倫理的磐石，支撐及發展對的政策程序，協助組織永續經營。

　　如上文言，人是組織最珍貴的元素，核心價值應該切實反映這個價值。以人為本這個流行提法，大致上可以代表這個價值。問題是「以人為本」的意義含糊不清，人言人殊，若不將其意義細緻化、精確化，及將之轉換為明確可執行的規範及政策，對構建組織倫理幫助不大。不久前有美國學者（Pfeffer, 1998）提出重視人才組織自然獲利（building profits by putting people first）的看法，是將以人為本具體化的一個版本，有參考價值。這個提法認為，要做到以人為本，組織要實行以下政策：職位隱定、職業保障；精挑細選新員工；自我管理團隊；組織決策分散（非集中化）；依公司業績來給予員工較好的報酬；廣泛的培訓；減少職位的區別及隔閡，包括衣著、語言、辦公室、不同層次的薪酬差距；廣泛的分享財務及業績的資訊。[3] 另一個近似以人為本的提法是（Melé, 2003）人文化的組織文化（organizational humanizing culture），基本特性是：一，承認人的尊嚴、權利、獨特性、社會性及個人成長的潛能。二，尊重個人及其人權。三，對個人周圍的人提供關懷及服務。四，在管理時兼顧公共財及特殊利益。

　　文化是組織的不完全直接看得見的抽象載體，但卻在無形中影響著組織人的行事態度和行為，及互相互動合作。組織通過各種社教化方式，令

3　詳情參看（朱建民、葉保強、李瑞全，2005: 282-294）。

成員認識及認同文化，加強凝聚力及組織承擔，因此文化亦可被視為一種控制系統（Pettigrew, 1979; Hofstede *et al.*, 1990; O'Reilly & Chatman, 1996; O'Reilly *et al.*, 1991）。社教化其實是一個系統的方法，令新成員將組織文化內化（Pascale, 1985），教化過程分階段性，從招募開始，經歷新入職的首月的學習，到在職訓練及跟資深員工互動學習，詳細注意工作的細則及績效的準則，到嚴格遵守組織的核心價值等。社教化的方法大致可分以下幾種（Ashforth & Saks, 1996）：集體式 vs. 單個式；正式 vs. 非正式；按步就班式 vs. 隨機式；有時間表的 vs. 變動的；前輩指導制 vs. 非前輩指導制；確認其原來自我認同 vs. 徹換原來的自我認同。有效的教化在消極上有助於減低人員在組織內的角色模糊、角色衝突、工作壓力、離職意圖；在積極上提升工作滿足感及對組織的認同與承擔等。文化中跟組織倫理特別相關的是其倫理文化，即文化中有關道德倫理方面的部分；倫理文化（ethical culture）中的倫理氛圍（ethical climate）（Ashkanasy *et al.*, 2000; Victor & Cullen, 1988; Cullen et at., 2003）[4] 是指組織內成員所認為組織的道德價值是什麼、什麼是倫理上可取的、什麼是倫理上不可取的、什麼是對的行為、什麼是惡的行為、什麼是好的合作、什麼是適合的關係、什麼是合理的互動等的感覺，而這些感覺的總體構成了倫理氛圍（見上文），而倫理氛圍若重視倫理會容易導致組織人的倫理行為，反之，倫理氛圍若輕忽倫理則容易鼓勵惡行腐敗。

組織倫理之模式

要建立穩定而持久的組織倫理，需要有適當的管理（Rossouw & Vuuren, 2003; Stead *et al.*, 1990），不應單靠堵塞、阻止、防範違法違規行為。另外，單靠要求成員遵守法律規範的他律型倫理亦是不夠的（Paine, 1994）。依本書的觀點，永續的做法必須聚焦於開拓及深耕組織的基本倫理元素，按照組織的倫理性（ethicality）來制定政策。組織的倫理性是指組織的倫理資本的

4　其他文獻包括（Fritzsche, 2000; Schwepker, Jr., 2001; Vardi, 2001; Wimbush & Shepard 1994; Wimbush *et al.*, 1997; Sims & Keon, 1997）。

含量，大致分為三類：倫理資本豐厚的、單薄的、缺乏的。第一類組織已具備足夠的倫理資本，但仍要悉心照顧、維護及令其健康茁壯，防止退化及耗損。第二類倫理資本單薄的組織則要將倫理元素加強及從外部輸入，並將之培育至茁壯及茂盛。完全缺乏倫理資本的組織則要對組織做基本的再造，植入所需的元素，東修西補的做法將會徒勞無功。就第三類組織而言，建立組織倫理要從根基入手，一步一腳印，沒有捷徑可走，不能偷斤換兩，要投入時間、資源及眼光，同時要挑選重視倫理的領導；要有長遠眼光及耐性。現實上，組織若完全缺乏倫理元素，代表其倫理意識掛零，談不上什麼倫理需求，建立倫理這些事則不用多說了。唯一令這類組織走向倫理的契機是，組織經歷了巨變，或面臨嚴峻的生存威脅，迫使其要徹底地反思組織目的及存在價值。歷史上，這類浴火重生的例子鳳毛麟角，絕大多數劣質組織都由於體質虛弱、百病纏身、無法扭轉衰敗而迅速滅亡。

　　具備足夠倫理元素的組織是自律的（autonomous）倫理組織，代表其倫理行為自內部發動、支持及推動，具有高度的倫理自主性（moral autonomy）的特質。倫理自主性最突出的表現在於遵守法律或倫理規範方面，具備自主性的人員（含領導）不單自願地守法循規，同時瞭解守法的理由及守法的倫理。在自主倫理組織內，人員不單具有所需的倫理能耐（智、情、意、行），倫理友善的組織環境亦能維護及助長人員的倫理能耐，而有德的人員反過來亦會維護倫理環境，這個正面的回饋循環的效應是：善提升善、善促進善，倫理得以維繫及持續。第二類倫理組織若要提升為自律型組織，員工要從消極的不違法的思維及行為傾向，轉向積極地做倫理上正確的事，並瞭解自己做倫理正確的事的理由。只有員工成為有道德自律的人，組織倫理才有希望持久及穩定。值得注意的是，自律倫理管理與他律倫理管理並不是截然分隔的，彼此有所重疊的地方，包括制定員工行為守則、培訓員工熟悉相關法律的課程、舉報及偵查不當行為的系統、監管及審核員工在守法及遵守行為守則情況的機制。總體而言，自律倫理的組織有清晰及正當的核心價值及規範，整合組織結構及過程，及善化組織與各類利害關係社群、以及自然的關係。

8

案例分析

本章選了四個真實的案例，每個都包含了事實陳述及倫理分析。第一個本土案例是有關中小學校長在學生營養午餐上動歪念，跟團膳業者合謀貪污，此案重點展示領導腐敗、集體敗壞及監督失靈。第二個案例是震驚全球的羅馬天主教教廷的神職人員性侵案，涉及眾多的兒童少年受害者，為時數十年，遍及全球各國，而教廷高層對案情知情但卻怠惰處理，縱放加害人，此案除了教廷內的爛蘋果（性侵的教士及包庇其罪行的教會高層）外，缺乏監督、領導失能及組織價值錯亂亦是主因。第三個案例是日本鏡片大廠奧林巴斯（Olympus）公司高層長期蓄意隱瞞財務虧損案，突顯了企業領導失能及組織倫理敗壞的一面。第四個案例是中國山西省呂梁集體貪腐案，涉及官商勾結的貪污聯盟、貪官權力尋租、奸商行賄養官、錢權交易、以私害公。不難發現，這些案例共同的腐敗原因，都跟爛蘋果及爛桶子理論所論述的有密切的關係。讀者不妨利用這些理論框架及本書的其他理論，跟這些案例作連結，辨識每案涉及的倫理問題、原因、後果，及思考其中的對錯及因應之道。

臺灣中小學校長學生營養午餐採購舞弊案

這是臺灣教育史上最大的一宗中小學校高層集體貪污舞弊案。涉案校長被控利用職權長期接受團膳供應商賄賂或回扣、餽贈及優惠等不當行為，操縱競標結果，令行賄團膳業者得標，而業者為了填補付出的賄款，在學童午餐食材上偷工減料，選用低價的食材，製造劣質的餐品，危及食品安全，損害學生健康。2014 年 5 月 18 日法院做出判決，32 名被起訴的新北市數所中小學校長（含八名認罪）被判有罪，理由是他們於 2002-2011 年間收受業者賄款達 4,100 萬臺幣。本案被告 87 人中有 38 名是校長。以下是案情簡述。

新北市中小學營養午餐校長集體貪污案涉及很廣，板橋地檢署在 2011 年 12 月 2 日再將 5 名校長收押，令總收押校長人數達 12 名，13 人交保，連同另外 2 人主動投案，涉案受賄人數共 27 人，所涉已繳的貪款 965 萬多元新台幣（下同）。檢調單位從 2011 年 10 月起偵辦營養午餐弊案，至 2012

年 4 月已發動 10 波偵查，有 42 名現任及退休校長涉案，已有 38 名校長遭到起訴，其中 13 名校長，遭求處 12 至 20 年不等重刑。4 月案件偵結時，板橋地檢署首次將 3 名家長會會長起訴，因他們有貪污合謀之嫌。另外，營養午餐採購弊案不單發生在新北市學校，臺中及彰化都有同類弊案發生。

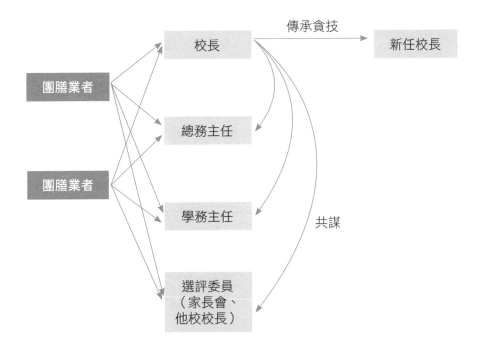

臺灣史上最大宗杏壇校長集體貪污案。
2002-2011 年受賄 4,100 萬臺幣，被告 87 人（含 38 名校長）。
2014 年 5 月 18 日判決，32 名校長（含 8 名認罪）判有罪。

▲圖8.1　新北市國中小校長學生營養午餐弊案

　　執法人員發現涉案行賄團膳業者人數眾多，在搜獲的行賄帳冊內有年期久遠的行賄紀錄，有些達 10 年之久。新北市全市公立國中、國小總共 288 所，約有六分之一懷疑涉案，震驚社會。團膳業競爭激烈，業者為了奪得數量大的學童午餐承包供應的標案，長期向部分校長行賄，及賄賂參與甄選業者的家長會會長，受賄校長及合謀者操縱甄選，令行賄者奪得競標。俗語說，羊毛出在羊身上，用來行賄的贓款自然出自營養午餐的製作成本上，造成偷工減料、食品低劣、營養欠缺、有害師生健康，這些都是貪污的隱藏成本。事實上，若不是業者貪過頭，用低劣食材來製作餐點，導致學生食後身體不適被調查，繼而令壞事敗露，這些長期秘密進行的勾當是很難被發現的。此外，調查人員在查案時確實發現某校曾發生師生疑似食物中毒卻被校方封鎖消息的情況。

貪污事件如何曝光？2011 年 5 月，新北市轄內的公立國民中、小學不斷出現營養午餐肉品食材含有瘦肉精等禁藥，及在中和區積穗國小營養午餐的餐桶發現了長蛆、紅豆湯發酸等衛生事件，板橋地檢署下的新北市調查處接手調查，在調查 10 家供應新北市一半（約 150 所）的中小學午餐的團膳業者時，發現了包括金龍公司等業者，涉及於每學期學生午餐承包競標前向校長與評選委員行賄而獲標。這些業者都跟學校保持良好關係，逢大小節日都給校長送禮，贈送學校設備及擔任活動的贊助商。調查人員在 2011 年 10 月底開始搜查涉案者時，不斷發現貪污證據，包括在某校長的辦公桌抽屜裡發現業者剛送來的數 10 萬元賄款；另一校長的私人筆記中有業者行賄金額的詳細紀錄。涉案校長現任及退休的都有。到 2011 年 12 月底，涉案校長中不止一人的收賄總金額最高逾 400 萬元，而自動繳出賄款最多者為 240 萬元，亦有 3 名涉案人繳出逾百萬元的賄款。

團膳業者是怎樣行賄校長的？業者主要用賄款收買校長，校長在甄選投標者時做了手腳令行賄者勝標。究竟要支付多少賄款，才能誘動校長？依調查，行賄業者每校支付的行賄費用額度是依該校師生的午餐數量來計算，平均約數十萬元。遇到午餐數量大的學校，業者有另一套計算方式：按月依學生人頭各抽 3 元到 5 元給校長。收了款賄的校長，在評審委員會中安插自己人或業者另行行賄的委員會成員（包括家長會會長等），合謀讓行賄者得標。還有，評審會都會有別校的校長做校外委員，不少亦是受賄的串謀者，形成一個秘密的圍標集團，為行賄者護航，保證業者奪標。這批作弊的校長暗地形成一個秘密貪腐集團，經過細心謀劃，為了私利不惜蓄意破壞公平的甄選機制，圖利不法業者，損害學校師生利益，漠視師生食品營養，違背職務，違法亂紀，背叛社會及政府給予他們的信任。據調查，貪污校長之間流傳了一個傳統，在退休前將受賄文化，包括行賄者名單及受賄方式等傳給接任的校長，受賄者互相交流學習，豐富彼此的貪污經驗。令人不安的是，貪腐集團居然出現在擔負作育英才的教育機構內，主謀人是高級知識分子。

倫理分析

究竟什麼原因導致如此多的校長為了金錢鋌而走險，做違法敗德的事？校長是高級知識分子，社會地位崇高，受人尊敬，且薪資優渥，生活無憂。再者，各人都深知貪污違法，要付出沉重代價，包括名譽掃地、調職處分或停職收押；若被定罪會遭免職，甚至坐牢，且無法領取退休俸。一個合格的教師要當上中小學校長不是一件容易的事，除了要有多年的教學經驗及表現優異外，他／她還需曾擔任主任職位及有豐富的行政經驗，而在參加校長甄試時另要接受教育法令等訓練課程，結業後才能參加校長遴選。換言之，一個普通的教師成功升為校長平均最少需要 10 年時間。對不少有志於教育的人來說，當上校長不只是個人事業的高峰，同時亦是人生理想的達致。既然如此，為何仍有如此多的校長不珍惜羽毛，冒如此大的風險做出違法亂紀的行為？究竟這些校長犯案的動機是什麼？在什麼樣的環境下使他們犯案？就案情資料顯示，弊案是爛蘋果及爛桶子的加乘作用所導致。

學校本身就存在爛蘋果及爛桶子的因素。校長腐敗跟個人品德欠佳、價值扭曲、貪婪失控、心存僥倖脫不了關係。因此爛蘋果理論有一定的說服力。人們無法瞭解的是，這幫飽學之士享受高薪優職，社會地位崇高，卻無法壓抑貪婪私利，知法犯法，蓄意做出有違倫理的行為，損害學生的權益，違反組織倫理，不單破壞該校聲譽，更令教育界蒙羞。令人疑慮的是，連孩子的午餐都打壞主意的人，會真心關心孩子的學業及成長嗎？會把學校的校風做好嗎？更深一層的問題是，這幫人為何被選為校長？他們是怎樣養成的？校長的養成是一個漫長複雜的過程，不能孤立來看，應連結到教師的養成及整個教育體制內學生人格的養成來審視。未當教師之前，他們是否在品德行為方面受到足夠的薰陶及教養，日後有資格為人師表，及晉升一校之長？這些問題的答案決定於是否有適當的機制來養成及甄選合適的人選，及這些機制是否切實地執行？追根究底，教師及校長養成其實只是人格養成的一部分，且效用非常有限。人自少的品格育成才是重點，學生時期的品德教育沒有做好，校長養成時才做（實情上亦沒有好好做）豈不本末倒置，自欺欺人？這宗杏壇醜聞的根本原因是否跟這些有關？德薄品歪的人坐在權力大位，能不出亂子嗎？關於爛桶子方面，校長擁有最大的權力，但組織內卻沒有適當的制衡及監督，加上華人唯唯諾諾及害怕得罪權貴的組織文化，令權大者無所顧忌地濫權越權，增加了腐敗的誘因。決策機制方面，在甄選競標者的過程中，校長擁有未受制衡的權力，容易導致以權謀私、違法亂紀的情況，過程缺乏透明度，令權力在黑暗中亂用。決定供應商的權力歸各學校，而校長是最後決策誰中標的人，亦是導致弊案之原因之一。

　　就業者方面而言，無良供應商亦是另一批爛蘋果。悖德業者向校長及家長會長期行賄，損害公平競爭，陷競爭對手於不義。其次，業者要支付賄款及維持利潤自然會在食材及製作方面做手腳，以劣質食材製作餐點，蒙騙學童及老師，尤其是對學童的健康造成莫大傷害。政府方面是否在這弊案上全無責任？非也。就新北市教育局方面，有關的監督機構未盡監督職責，亦是導致貪腐集團惡行得逞的原因。在公開供應商招標的規範中，規定業者回饋學校要符合與採購目的（即午餐）有關的東西，但有部分學校則要求供應商做與午餐無關的捐助，如補助學校的運動會、園遊會或畢業典禮等支出或購買冷氣機等。這些做法已逾越合理的回饋界線，逐漸形成校方與業者私相授受及暗示等態勢，跟腐敗愈走愈近。新北市政風處及教育局政風室曾多次就採購的不合理回饋，所涉及的漏洞向教育局提出警示，然而教育局並未正視這個問題，是行政怠惰失職，隨後受到監察院糾正。關於新北市政府的職責方面，新北市政府管理學校午餐外包的有關契約，列明有暫停、終止或解除契約條文，但對違規的扣分過低，根本無阻嚇作用，例如違規事項如餐中有影響食物品質之異物、容器未保持乾淨、食物、飲料、點心有變質、發霉、過期水果發霉、有蟲等項目，只扣 5 分，但要令供應商停止供餐則要累積到25 分，而終止合約則要 50 分，這樣的契約規範根本無法約束違規的業者。

有些學校認為不合格餐品退貨手續冗長費事，或避免午餐食品安全衛生出問題而影響校譽，都沒有對餐點細心做品質驗收、食材留樣及對有問題餐品扣分，便宜行事。政府方面雖定出契約範本，卻輕忽其標準是否合適，沒有對記點制度及罰則過輕做出糾正，令校方輕忽各層的品質管控，怠惰了事，不顧學童餐點的安全與衛生。為了防範這類弊案出現，改為聯合招標，及增派評審委員，決策更加透明，加強防止利益衝突的修款都是可行的方向。

參考文獻

- 陳俊雄、葉德正，2014，「32 校長收賄，最重判 10 年」。中國時報，http://www.chinatimes.com/newspapers/20140517000805-260102。5 月 17 日。

- 楊竣傑，2011，「營養午餐弊案／生日裝潢都打點，暗語演唱會」。聯合報，第 A8 版。12 月 29 日。

- 楊竣傑，饒磐安，2011，「營養午餐弊案／行賄評委達四年，謝金萬元起」。聯合報，第 A8 版。12 月 29 日。

- 楊竣傑，2011，「營養午餐弊案／收賄人脈，校長們『代代相傳』」。聯合報，http://udn.com/NEWS/SOCIETY/SOC4/6753903.shtml。12 月 1 日。

- 賈寶楠，2011，「營養午餐腐壞，新明國小校長挨告」。聯合報。http://mag.udn.com/mag/campus/printpage.jsp?f_ART_ID=352107。11 月 4 日。

- 鄭國樑，2011，「營養午餐招標，取消由校長遴選」。聯合報，http://mag.udn.com/mag/campus/storypage.jsp?f_ART_ID=355034。11 月 18 日。

- 監察院，2011A，《新北市政府轄公立各級學校營養午餐採購舞弊案之調查報告》。http://www.cy.gov.tw/AP_HOME/Op_Upload/eDoc/%E8%AA%BF%E6%9F%A5%E5%A0%B1%E5%91%8A/101/1010002021010831042%E5%8C%BF%E5%90%8D%E5%85%AC%E5%91%8A%E7%89%88.pdf，取用日期：2012 年 4 月 13 日。

- 監察院，2011B，《學校營養午餐採購，未盡監督之責，致貪瀆及食安危機，監委程仁宏、趙昌平、楊美鈴糾正新北市政府》。www.tkjh.ylc.edu.tw/upfiles/school/board/.../1425581743_1-V2.pdf。101NEWS11，取用日期：2012 年 5 月 10 日。

- 蘋果日報，2011，「杏壇最大醜聞，12 校長收押」。蘋果日報，http://www.appledaily.com.tw/appledaily/article/headline/20111203/33861746/。12 月 3 日。

羅馬天主教教士性侵兒童醜聞

上世紀 1970 年代以前，羅馬天主教教士（神父）性侵兒童醜聞很少被公開，到 1980 年代愈來愈多的醜聞在美國及加拿大不斷曝光。1990 年代，愛爾蘭發生範圍更廣及更駭人的性侵案。邁入 21 世紀，更多的教士性侵醜聞在超過 12 個國家被揭露。

2013 年 7 月，聯合國兒童權利委員會（Committee on the Rights of the Child）向天主教教廷的外交部（Holy See）呈交一份範圍廣泛的調查問卷，要求教廷提供自 1995 年以來所有神職人員性侵兒童及青少年案的詳細資料。梵蒂岡拒絕這個要求，指這些案件都是不同國家的司法體制負責，跟教廷無關。然而，梵蒂岡自 1990 年以來是聯合國《保護兒童公約》（Convention on the Rights of the Child）的簽署國，有義務回答這些問題。委員會要求教廷在 2014 年 1 月回答聯合國委員提出的問題。

較早前（2014 年 1 月）（Moloney, 2014），日內瓦召開一個相關的會議，跟進各國就聯合國《保護兒童公約》的執行情況。會議上，梵蒂岡官員面對委員會質詢有關教士性侵兒童案時，表示教廷沒有處罰犯案教士的法律權力，理由是涉案教士是分屬於不同國家的公民，由所屬國家法律管轄。不過，委員會要求教廷採取更積極的措施，回應教士性侵兒童的案件。會中，梵蒂岡官員向委員會報告，教廷在 2012 年知道有 612 宗有關神職人員的性侵案件，其中 418 宗涉及兒童。教廷過去曾在一宗官司中取得勝利，承認教廷做為一個主權國可豁免有關官司，及教宗無法為個別教士行為負責，但承認教廷仍對在梵諦岡以外的教士及教廷官員有影響力。代表教士性侵受害人的組織（Survivors Network of Those Abused by Priests, SNAP）指責教廷稱無力管理教廷成員是不負責任的推託之辭。

2014 年 2 月聯合國兒童權利委員會發表報告，嚴厲指責梵蒂岡對羅馬天主教教廷內發生廣泛的神職人員性侵兒童事件處理不當，報告批評教廷不肯承認性侵事件的規模已相當嚴重，同時採取不當的措施導致性侵繼續，令涉案者逍遙法外（Davis & McDonald, 2014）。委員建議教廷立即將已認定及涉嫌性侵犯的人員撤掉教會職務，及將案件移送有關國家的司法部門辦理，同時亦呼籲教廷由教宗芳濟各（Pope Francis）在 2013 年設立的有關性侵案的專家委員會，對所有的性侵案件及教廷高層如何辦理這些案件做獨立的調查。此外，教廷要將過去的案件公諸於世，好令犯案者及其包庇者要負上應有的責任；教廷必須制定清晰的規則、機制及程序來處理兒童性侵的指控。這份報告的結論跟好幾個國家的相關報告結論一致：在性侵醜聞曝光以後，教廷一直將維護教廷的名譽及包庇性侵者視為比保護兒童權利更為重要。

更早前，聯合國要求教廷提供教士或修女性侵兒童的資料。2013 年初，教廷在新上任的教宗芳濟各的指示下，加強防止兒童性侵的教會法令，將對兒童罪行的定義擴闊到包含對兒童的性侵。此外，指示成立了一個專責處理性侵的委員會，制定神職人員的行為守則、教廷官員處理性侵案的指引及建立對未來神職人員的更有效的甄選機制。回顧歷史，在教宗芳濟各之前的數任教宗，對性侵醜聞都採取駝鳥政策，迴避問題，虛應故事，毫無擔當，一直飽受社會及教友的批評。上任教宗本篤十六世（Pope, Benedict XVI）雖然曾指責這類惡行是教會的污物（filth），敦促教會要即時向有關方面舉報懷疑教士性侵事件。但這些做法被批評毫無用處，無法有效處理性侵惡行。教宗芳濟各接任後，一改以往保守無擔當的劣風，公開表示對性侵受害人的同情，及要維護教廷的公信力必須正面處理性侵醜聞。

天主教教士性侵醜聞其實遍及全球，教廷的不當處理手法不斷受到國際社會的批評，連主權國的總理都公開指責梵蒂岡的不是。愛爾蘭就是一例。

◇◇ 愛爾蘭

2011 年 7 月 20 日，愛爾蘭總理肯尼在國會對梵蒂岡做出嚴厲批評，指責教廷將保護自己的權力和名聲置於保護兒童的免受性侵的權利之上。總理的批評是有所本的，當時一份剛出爐的調查報告，揭露了教廷曾阻止對醜聞的調查，並試圖淡化兒童遭強姦和酷刑的事實。這份報告是政府就天主教神職人員長期對兒童性侵成立的委員會所撰寫的，於 2009 年 5 月 20 日公布，報告鉅細靡遺地陳述了多名教士對幼童及少年性侵的惡行，並揭露教會在知情的情況下，不但沒有立刻阻止及採取防範措施，也沒有將涉案者做出懲處，且更試圖阻止有關的調查。報告歷時 9 年，調查教會自 1920 年到 1980 年代期間在其開辦的感化院、學校及救濟所發生的幼童性侵及虐待情形。當時這些機構收養的兒童人數達 35,000 人，現時這些兒童已長大成年人，其中有 2,000 多人透露曾被虐待及性侵。這份報告雖然揭露了天主教教廷神職人員的罪行及高層掩飾包庇的惡行，但卻未能為受害者討回公道，因為基於早期教廷就此事的一場獲得勝訴的官司所達成的協議，規定調查委員會必須將有關人士身分保密，因此報告中並沒有公布受害人及加害人的身分。另一項令受害人及家屬不滿的是，報告的內容不能用來對加害人做刑事檢控的證據。愛爾蘭樞機主教布萊迪雖然公開表示這些機構令教會蒙羞，並向受害兒童道歉，但未能平息受害人及家屬的怒火。

對性醜聞的回應，梵蒂岡設立一個新的學習中心網站，幫助保護兒童以及曾經受到神職人員性侵犯的受害者。該中心有德語、英語、法語、西班牙語以及義大利語的諮詢服務，為處理性侵犯案例的人員提供幫助。梵蒂岡教宗本篤十六世於 2010 年 3 月 20 日致函愛爾蘭天主教教徒，向幾 10 年來受愛爾蘭教士性虐待和性侵的受害者做出道歉。這是他就性醜聞被公開以來的首次道歉。在道歉函中，教宗表示對此事感到羞愧和悔恨，並稱性侵案出賣了教徒對教廷的信任，他還批評愛爾蘭教區的高層未盡應盡之責，導致嚴重的錯誤。愛爾蘭的一個受害者團體對道歉表示不滿，理由是教宗沒有承認梵蒂岡曾全面封殺事件及蓄意隱瞞真相，尤有甚者，沒有採取措施撤換愛爾蘭現任樞機主教布萊迪。報告揭露，布萊迪在 1970 年代曾經強迫受害者簽署不把性侵惡行揭露的秘密協議，企圖掩蓋虐童事件。然而，事實曝光後他卻拒絕辭職。

不單是愛爾蘭，全球不少國家，包括德國、瑞士、比利時、荷蘭、奧地利以及美國的天主教教會都曾發生類似的大規模及長期的性侵惡行。這些發生在不同國家的性侵案都有明顯的共通點：受害人數眾多、性侵罪行歷時久遠、教廷高層對性侵不單沒有採取適當措施遏止罪行，給予犯罪者應有的懲處，還試圖隱瞞罪行、包庇涉案人、縱放罪犯，甚至企圖阻撓調查。這些惡行充分反映天主教教廷維護自己面子及名譽的決心遠遠超過保護兒童免受性侵及還受害者公道的意圖。

　　以下簡述發生在比利時、澳洲及美國的情況，以呈現性侵弊案的廣泛及嚴重。

◈ 比利時

　　就神職人員對兒童性侵的指控，比利時天主教教會成立了獨立調查委員會做調查。2010 年 9 月公布的調查報告揭露，在過去數 10 年中，比利時每個教區都發生過神職人員及非神職人員性侵兒童的事件。令人震驚的是，一些受害者自嬰幼兒時期就開始被性侵。調查揭露，300 百多宗性侵案中的涉案人包括了一名主教及大批的教士、學校教師及一些非神職人員，長期向受害者施暴。受害人三分之二是男童，其餘是女孩，其中有 13 名受害人因受屈過度而自殺。調查報告表示沒有證據證明教會蓄意隱瞞事實。這起教會自暴其醜的調查雖然展示了教會少見的勇氣，但卻無法挽回天主教教廷屢受性侵醜聞重創而不斷下滑的壞名聲（2010 年 9 月 13 日，BBC News 中文網）。

◈ 澳洲

　　2012 年，回應國會議員及警方指控天主教教會企圖隱瞞戀童癖教士對兒童性侵惡行，當時的澳洲總理 Julia Gillard 指示成立一個具公信力的皇家委員會（Royal Commission），調查有關在教會及其他民間或政府組織發生的兒童性侵事件。2012 年 9 月，維多利亞州天主教教會回應國會有關教士性侵調查的文件中，墨爾本樞機主教哈特（Denis Hart）承認教士性侵事實，醜聞大部分發生在 1960 至 1980 年代間，但為受害人發聲的民間組織則認為教會低估受害者人數，真正受害人數其實接近 1,000 人。上任教宗本篤十六世，在 2008 年 7 月訪澳時曾跟受害人會面及為此罪行做公開道歉。

　　2013 年 5 月 26 日，澳洲樞機主教培爾（George Pell）出席國會調查委員會的公聽會時，為被天主教教會教士長期性侵的兒童做公開道歉。澳洲維多利州的天主教教會承認有 620 名兒童自 1930 年代開始遭教士性侵。樞機主教坦承教會內的家醜不外傳的文化要為這個惡行負部分責任。受害者家屬批評主教一直裝聾作啞、是非不分，對受害兒童缺乏同情，並企圖掩蓋真相。培爾主教承認在 2008 年往生的上任主教，即當時身任墨爾本樞機主教理圖（Frank Little）曾隱瞞性侵案。

◈ 美國

2002 年 9 月 10 日，美國羅德島州的天主教教會被捲入神職人員性侵兒童的醜聞，有 32 名男女指控教會的數名教士及 1 名修女對他們性侵，兩造其後庭外和調，教會同意支付 1,300 萬美元給受害人。羅德島州面積雖小，卻是天主教教徒聚居之地，100 萬人口就有超過六成二是天主教教徒。同年 3 月，美國的大主教會議針對教士性侵兒童宣示了零容忍的立場，而身在羅馬梵蒂岡的教宗若望保祿二世亦嚴厲譴責性侵行為為「邪惡」。事實上，2002 年全美 18 個州就有約 200 名教士因涉嫌性侵兒童而被停職；另一方面，教會高層被指控刻意隱瞞醜聞，包庇犯案教士惡行。值得注意的是，跟其他國家的天主教性侵案最大不同的是，不少嫌疑人是遭警方刑事檢控的，而其他國家則沒有用國家公權力來處理性侵案。事實上，被指隱瞞醜聞或姑息罪犯的不只是散布於全球各國之天主教教區高層，梵蒂岡教廷亦一直被指蓄意掩飾醜聞，及不當地處理性侵案件。

2003 年 8 月 9 日，波士頓天主教教會神職人員涉嫌性侵的訴訟做庭外和解，支付的賠償費用達 5,500 萬美元。這是自 2002 年教會性醜聞被公開以來教會就醜聞付出的最大一筆賠償。這起當時最大規模的醜聞對美國的天主教教會造成極大的衝擊，導致至少有 325 名教士被免職，其中包括波士頓大主教。控方資料顯示，波士頓教區在過去 60 年間至少有上千名兒童受到神職人員性侵。2007 年 7 月 15 日，洛杉磯天主教總教區教士性侵集體訴訟官司，總教區跟被害人庭外和解，同意支付共 6 億 5,000 萬美元的賠償金。這起官司的被害人達 500 多人，性侵惡行發生在 1940 年到 1990 年間。根據和解協議，經監督訴訟的法官審查後，教區得將一直保密的犯案教士的人事檔案予以公開。包括這宗官司在內，美國天主教教會自 1950 年以來已因性侵官司支付累計約 24 多億美元，其中約四分之一來自洛杉機教區。

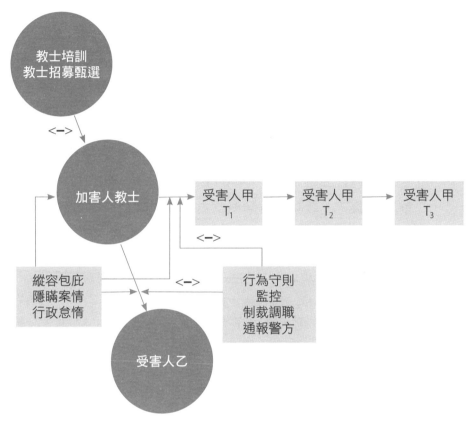

註：<->代表管理失敗。

▲圖8.2　羅馬天主教教士性侵兒童醜聞

倫理分析

　　梵蒂岡在處理性醜聞事件的確荒腔走板，反映了嚴重的領導失能及組織倫理崩壞。教庭高層在事件中處處都反映了無德無才的領導，背信棄義、職務廢弛、怠惰失職、價值錯亂、掩耳盜鈴、自欺欺人。證據明確顯示，教會的上層沒有採取果斷的行動阻止罪行，蓄意包庇犯案教士，縱容性侵惡行，導致性侵繼續發生，令更多人受害。有些國家的教區高層還採取不合作的態度，有意阻撓警方查案；尤有甚者，教廷還下指令蓄意掩蓋醜聞。英國報章《觀察者報》（Observer）（2003年8月17日）根據一份1962年羅馬教廷的報告，透露梵蒂岡高層曾就對神職人員性侵醜聞對大主教下封口令。這份厚69頁的報告要求全球各地的天主教大主教對性醜聞嚴格保密，亦警告任何洩密者會被逐出教會。報告有當時教宗若望二十三世的封印。這份報告據稱是由一位跟梵蒂岡關係密切的德國教士交給代理美國受害人的律師手裡，而該名律師又稱已將報告交給美國政府有關部門。依《觀察者報》稱，梵蒂岡證實這份報告是真的，但卻否認教廷的蓄意隱瞞。

十年前美國的天主教教會有類似文首所論的聯合國委員會的結論。2004年及2006年分別公開的兩份由美國天主教議會委託專家做的報告（Goldstein, 2011; JJCCJ, CUNY, 2004, 2006），都指教會高層處理性侵不當，價值錯亂，錯把教會名譽重於對受害人的保護，將包庇涉案人員視為比為受害人找回公道更為重要。依這份報告，性侵的原因有幾個。首先，教會在招募神職人員時沒有做好篩選，導致許多有性問題及不成熟的人進入了修道院，日後當了教士。況且，在教士養成中，學員沒有受到足夠的訓練，尤其是對獨身禁慾生活，沒有做好準備。其次，主教及高層誤判問題之嚴重性，將重複及廣泛發生的事當做是個別事件。有些教區主教誤判案例只是屬於其他教區的事，輕忽了這類事亦是教會的事。第三，高層有家醜不適外傳的恐懼及犬儒心態，將醜事隱瞞了事。有些主教怕惹官非，對調查採取了不合作甚至是敵對的立場。第四，教會對教士監管失靈，教會的法條及教規很難將性侵害者免除職責，高層亦未有善用現有的教規，防止性侵者侵害兒童及青少年。針對這報告書，代表受害人的組織指報告所依據的資料及證據全部來自教會及教區，並無納入其他獨立的資料，因此未有呈現全部的真相。

教廷一向自封道德、慈愛及正義化身，經常誨人以德以愛以義，但這些醜聞顯示教廷講一套做一套，言行不一，信用破產。神職人員長年累月性侵無數受託於他們保護的兒少，而更甚者是，教會高層知情卻不加懲處及預防，反而長期包庇罪犯，蓄意隱瞞罪行，阻撓有關的調查，惡行實在罄竹難書。教會在這醜聞中另一倫理惡行是背信棄義：違背信徒對神職人員的信任，將兒童少年託付於他們；違背信徒信任教會高層能好好懲處性侵教士，還受害者一個公道。這種雙重的背叛對信徒而言實在情何以堪！聯會國及各國的有關調查報告都直指是天主教教庭的嚴重治理崩壞及價值錯亂，及徹底的道德敗壞。不應做的做了很多，為期很長；很多應做的卻沒有做，且歷時久遠。這正是標準的組織倫理腐敗。

參考文獻

- 「性侵和解，天主教洛城教區賠216億臺幣」。聯合報，A13，2007年7月16日。
- 「教宗就愛爾蘭教會虐童道歉」。BBC News中文網，http://www.bbc.com/zhongwen/trad/world/2010/03/100320_pope_sexabuse_apology.shtml，2010年3月20日。
- 「梵蒂岡『命令』隱瞞性醜聞」。BBC News中文網，http://news.bbc.co.uk/chinese/trad/hi/newsid_3150000/newsid_3157700/3157703.stm，2003年8月17日。
- 「愛爾蘭總理強烈抨擊梵蒂岡」。BBC News中文網，http://www.bbc.com/zhongwen/trad/rolling_news/2011/07/110628_rolling_ireland_vatican?print=1，2011年7月20日。
- "Australia cardinal apologises over clergy child sex abuse." In *BBC News*, http://www.bbc.co.uk/news/world-asia-22679770 (May 27, 2013).
- "Australia PM Julia Gillard announces child abuse probe." In *BBC News*, http://www.bbc.co.uk/news/world-asia-20293601 (November 12, 2012).
- Davies, L. & McDonald, H., 2014, "UN denounces Vatican over child abuse and demands immediate action." In *the Guardian.com*, http://www.theguardian.com/world/2014/feb/05/un-denounces-vatican-child-abuse?INTCMP=ILCNETTXT3487 (February 5, 2014).
- Goldstein, L., 2011, "Church report cites social tumult in priest scandals." In *New York Times*, http://www.nytimes.com/2011/05/18/us/18bishops.html?_r=0 (May 17, 2011).
- John Jay College of Criminal Justice (JJCCJ), the City University of New York (CUNY), 2004, *The nature and scope of the problem of sexual abuse of minors by Catholic priests and deacons in the United States 1950-2002*. A research study conducted for The United States Conference of Catholic Bishops.
- John Jay College of Criminal Justice (JJCCJ), the City University of New York (CUNY), 2006, *The causes and context of sexual abuse of minors by Catholic priests in the United States, 1950-2002 (2011)*. A research study conducted for The United States Conference of Catholic Bishops.
- McGeary, J., 2002, "Can the Church be saved?" *Time*, April, 1, 17-26.
- Moloney, L., 2014, "U.N. Panel Grills Vatican on Sex-Abuse Cases." In *Wall Street Journal*, http://online.wsj.com/news/articles/SB10001424052702304603704579324891654814828 (January 16, 2014).

日本奧林巴斯（Olympus）隱瞞財務虧損弊案

日本有關當局調查發現，著名光學及照相機公司奧林巴斯（Olympus）（下稱公司）高層用不當的會計手法，自2011年為止的過去20年內長期隱瞞17億美元投資的虧損。自醜聞在2011年10月被揭發開始，奧林巴斯的股票市值已經蒸發掉六成。2012年1月8日，公司股東向19名現任及退休的董事提出告訴，要求賠償36億日圓的損失。這宗弊案是公司組織倫理腐敗、領導失能、公司治理不善的典型。

弊案始末

上世紀1980年代由於日圓強勢，直接影響日本出口產品的營利，日本企業試圖遏止不斷下滑的利潤，紛紛依賴各種投資提升營收，其中不乏高風險的金融投資。奧林巴斯的做法亦不例外，當時的會長下山敏郎（Toshiro Shimoyama）（1984-1993年間任社長），認為要扭轉營收劣勢必須進行所謂「金融工程」來提升營收。於是，公司就投資在金融衍生工具及做其他高風險的投資，當時策劃及執行這項工作的財務長岸本正壽（Masatoshi Kishimoto）其後被擢升為社長，任期由1993到2001年。當隱瞞財務虧損弊案曝光後，兩人都聲稱不記得有隱瞞虧損之事。

隱瞞事件之所以曝光，主要是因為剛上任社長的英人邁克爾・伍德福德（Michael Woodford）對這筆可疑的支出提出質疑時被解僱，伍德福德隨即將事件揭露。若事情不是這樣發展的話，換上一名日本人社長，隱瞞弊案何時會被揭發或是否會被揭發，無人敢說。這類隱瞞在日本的事件並不陌生，跟日本的企業服從至上及配合上級的組織文化息息相關。弊案被揭露時，企業涉案的主要利害關係人包括了前會長菊川剛（Tsuyoshi Kikukawa）、前執行副會長森久志（Hisashi Mori）、前監事山田秀雄（Hideo Yamada）及現任會長高山秀（Shuichi Takayama）。

　　弊案主要涉及幾宗有問題的收購案，包括 2008 年收購英國醫療設備公司 Gyrus Group 時支付了 22 億美元的費用；引起懷疑的是收購所支付的顧問費達 6 億 8,700 萬美元，占收購總支出的 31%，遠遠超出正常的 1 到 2% 的費用。依財務會計報告，這筆費用中的 6 億 7,000 萬美元用來支付一家在開曼群島（Cayman Island）註冊名為 Axam Investment Ltd. 的投資公司。2010 年 6 月，即該公司收取了公司的仲介費的 3 個月後，該公司由於未繳付牌照費而在本地公司註冊簿上被除名。同年，奧林巴斯又收購三家小型的投資公司 Altis、Humalabo 及 NewsChef，費用是 735 億日圓（9,650 萬美元），公司支付收購這些公司所需的資金是來自在開曼群島註冊的公司。日本兩大報《讀賣新聞》及《朝日新聞》分別報導收購涉及幫派的參與，其中約有 10 個人疑與日本黑幫有關。

　　伍德福德在 2011 年 10 月被解僱後，前會長菊川剛接回社長職位，告知媒體伍德福德的西式管理與公司格格不入，但當伍德福德向媒體曝料後，公司被迫成立一個由前最高法院法官當小組的獨立調查小組，徹查此案。厚 178 頁的調查報告出爐，根據相關證人的自願證詞及對公司電腦的分析，小組證實公司高層隱瞞了在經營及投資的虧損總數達 1,322.2 億日元（17 億美元），小組要求公司對那些參與隱瞞虧損的人採取法律行動，及撤換那些知情不報或不作為者。小組發現，公司管理層的核心都腐爛了，公司治理崩盤，但小組並未有發現收購跟黑幫有關聯的證據。依報告，弊案發生的原因包括了人事管理不善、外部審計失職等；而弊案的最大主謀是前副會長森久志及前監事山田秀雄，兩人自 1990 年代日本股市崩盤時就開始用會計手法將虧損隱藏起來，但兩人並未從中獲取個人利益。報告指出，公司外部有人明知這種會計手法是違法的但仍協助隱瞞，沒有做應做的披露。小組亦批評會計行畢馬威（KPMG AZSA）及安永（Ernst & Young ShinNihon）的審計師在公司隱瞞虧損期間的作為，但弊案的罪魁禍首是高層的公司治理徹底失能，前任會長根本不把決策透明及公司治理當一回事。小組強力建議公司董事會要做重大的改革。小組報告的結論雖然比業界及市場所預期的強，但報告並沒有披露更多的有關弊案的證據。因為小組並無刑事調查權，要調查弊案是否涉及其他違法行為得有待日本、英國及美國的司法部門。

　　日本政府怕醜聞會嚴重損害其國際聲譽，及憂心國際投資者對日本公司治理產生負面印象，於是積極介入此案，指派檢調部門在 2011 年 12 月底到公司總部搜查。2011 年 12 月初，公司向東京股票交易所呈交財報，2011 年 4 月至 9 月的 6 個月財務報告申報了 323 億日圓（4 億 1,300 萬美元）的虧損，並將其在 2007 年 3 月申報的資產淨值 2,250 億日圓調降為 460 億日圓。這是醜聞自曝光後重大的進展。

　　醜聞曝光之初，公司否認伍德福德的指控，其後又先後出現前後矛盾的說法，最後才承認在過去 20 年隱瞞了大額的虧損。2011 年 11 月初，會長高山秀聲稱直至伍德福德在告知他此事之前，他對隱瞞一無所知，並認為前會長菊川剛及前執行副會長森久志等公司高層並沒有做導致虧損的投資，但承認他們「為了公司利益」隱瞞了虧損。2012 年 2 月日本警方拘捕了七名嫌疑人，包括前會長菊川剛、前執行副會長森久志及前監事山田秀雄。

　　東京檢察官就前會長菊川剛所犯的罪行求刑 5 年及要公司付 10 億日圓罰金，但法官認為這個隱瞞計畫是他的前任制定的，他並非策劃人，且沒有證據證明他從中獲得任何個人利益，不過他倒把這事做了隱瞞。2013 年 7 月 3 日，東京地方法院裁定菊川剛就奧林巴斯財務隱瞞罪名成立，緩刑 3 年，其副手森久志及監事山田秀雄亦被判有罪，刑期稍短，由於是緩刑，2 人都不用受牢獄之苦。法院又判奧林巴斯公司就財報造假被課罰金 7 億日圓（700 萬美元）。伍德福德要求公司將他復職但不成功，但由於受到不公平解僱，他獲得巨額的賠償金。

　　公司為了隱瞞虧損在財報作假，還原真相後，損益表中真實的虧蝕是 13 億日圓，曝露公司財政脆弱不堪，市場立即做出反應，股票受到拋售。2011 年 10 月中，弊案曝光後的 1 個月內，公司股價蒸發掉五分之四；接下來的兩年股價回穩，到 2013 年 7 月股價回升到弊案未曝光之前之水平。弊案後，公司痛定思痛、大力改革、大幅裁員、並與索尼（Sony）建立資本聯盟及大力向醫療設備市場擴充。奧林巴斯的投資人，包括銀行及散戶均向法院提出告訴，就自醜聞曝光後公司股票下滑所導致的損失，集體向公司追討 191 億日圓的賠償金。

　　伍德福德被解僱後隨即離開日本直返倫敦，及即向英國嚴重詐欺罪辦公室報案及要求警方為他作人身保護，因為他擔心涉案的款項可能與日本幫派有關，令他個人安全受到威脅。伍德福德亦向美國聯邦調查局提供同類報案資料。這兩個英美的司法部門與日本金融局合作調查此案。日本方面，東京城區警局亦展開對公司的調查，日本證券及交易監察委員會和東京證券交易所亦展開調查。《紐約時報》報導，日本官方調查員的一份備忘錄指出，公司的總虧損達 4,810 億日圓（62 億 5,000 萬美元），在 2000 年到 2009 年的有問題的收購費用，投資及顧問費中，只有 1,050 億日圓報了賬。

倫理分析

　　弊案涉及多方的利害關係人：公司管理高層（董事會成員等）、公司內部審計師、公司員工、股東（機構投資人、小股東）、外部審計師／會計師行、產業界、日本社會。下面分別就各利害關係人的行為或受到的影響做倫理分析。

◈ 董事的責任

　　案件明顯涉及主要利害關係人的利益衝突。董事會內的涉案人同時擁有管理者及董事的身分，15 名董事中有 12 名不是公司的現任高層人員就是過去的高層經理，球員兼裁判身分的董事完全缺乏獨立性，令公司的監督形同虛設，董事不單未有及時制止或糾正錯誤，其中還有人協助將錯誤隱藏起來，令問題愈滾愈大。此外，日本人高度重視團體的和諧，及對上級的服從，不會做揭露弊案這類事，助長了隱惡之習。還有，董事並沒有將股東的利益放在首位，沒有做好監督等治理責任，是怠惰背信，違反董事對公司的應有治理義務，破壞公司治理。其次，弊案曝露出了日本企業唯唯諾諾的組織文化。董事總是唯會長馬首是瞻，無人敢講真話或發出跟上級不同的聲音，董事會淪落為會長的獨裁治理。日本的畏權威、重尊卑、好服從、好集體的組織文化，在奧林巴斯董事會上充分展示出來。這種組織文化下很難出現獨立人格，因為敢於表達與上級不同意見的員工很容易惹毛上級而遭冷落，或被同儕以「不合群」、「破壞和諧」等罪名而受到排擠或孤立。為了求生存，有人不惜扭曲人格，放棄價值，迎合上位者；而不願委曲求存及堅持價值者的唯一選擇就得離職他去，組織最後淪為一言堂，錯誤無人指出，再錯的機會愈高。根據伍德福德透露（Woodford, 2012: 66-67），董事都是一群應聲蟲，缺乏獨立自主性。他曾就收購涉及的可疑費用先後向董事會成員寫信，對公司的公司治理提出警訊，但沒有一名董事有任何作為。而在 2011 年 10 月 14 日董事會議上，更一再表現董事會早已合謀要將伍德福德解僱。那天會議原先的議題是關於收購有關的爭議，但開會時會長突然宣布議題臨時取消，換上一個新的議題：解除伍德福德的所有職位。會長提出動議，董事會 15 名成員全部舉手贊成，過程中無人提出質疑，沒有討論或辯論，董事全數配合會長，會長甚至不准伍德福德發言，董事們亦無異議。會長第二個動議是解除伍德福德在公司、在美國、及歐洲分公司的所有職位，一樣獲得在無討論下董事會一致通過。伍德福德在開會前將 6 封日前發給各董事的信件內容整合成一份文件，原想在會議上發送的，最後都被會長阻止無法發送。可以猜想，就算會長沒有禁止發送文件，結果將會是一模一樣。董事的表現已充分表示他們不稱職，沒有履行公司治理應有義務。

◈ 會計師行的責任

依公司調查小組 2012 年公布的報告，外部會計行畢馬威直至 2009 年都負責公司的審計業務，其間審計師發現公司帳簿出現申報不清的帳目後曾提出一些方法將之以報銷，因此被認為未有失職。然而，伍德福德公開披露的一封會長的電子郵件中卻透露，畢馬威就收購的賬目提出異議後被徹換，改由安永做審計。因此，《金融時報》提出質疑，畢馬威既然有異議，為何簽署確認賬目無誤？小組調查報告沒有要安永為弊案負責，因為它未被企業僱用前絕大部分用來掩飾虧損的交易已經為公司高層批准了。

◈◈ 揭露者的遭遇

伍德福德做了揭露行為,主要是保護公司利益,可是這個行為不但得不到董事應有的積極回應及協助支援,反而被粗暴地解除職位。然而,在權威集體主義的組織文化下,揭露者大概都會落此下場。就算有超強勇氣及甘願犧牲,揭露者仍要承擔沉重的壓力,遭受諸多的打壓及刁難。不單如此,由於隱瞞可能涉及幫派,伍德福德的人身安全亦可能受到威脅,因此他慌忙逃離日本,返回倫敦後要求英國警方的保護。其後,公司董事會以伍德福德洩露公司機密為由向法院提出告訴。很多先進國家縱有保護揭弊者的法令,但只限於政府及公家機構,私營企業則無法律保護,因此要揭發企業不法行為,揭露者就要承擔被告的風險。問題是,不少著名的揭弊案,都涉及重要的公共利益,揭露者為了公共利益甘冒風險,社會卻不給予應有的保護及支持,是於理不合,因此,保護揭弊者的法令理應同樣涵蓋私人企業,不單可以保障揭弊者的權益,同時會給未來的揭弊者正面的誘因,揭發弊案或防止弊案的擴大,保障社會利益。

◈◈ 公司員工

關於公司的其他僱員方面,弊案令公司名譽受損自然會令員工蒙羞,那些忠於職守的員工會感到被公司高層背叛而憤憤不平。針對此事,前董事 Koji Miyata 架設了一個稱為 Olympus Grassroots 的網站,希望能集合足夠的力量整頓公司,並提供一平台給員工表達意見,在網站貼上一封要求公司將伍德福德復職的請願信。

◈◈ 小股東

在這個案件中,小股東的憤怒自然可以理解。一群高齡小股東聯合起來提出告訴,要追討由於弊案導致損失的 36 億日圓(3,000 萬美元)的賠償金。董事會的成員除了對弊案表現道歉之外，8 名董事為了表示要為此負責自願削減三至五成的薪資，而會長高山秀則自動減薪一半。

參考文獻

- "Former Olympus boss calls for clearout of board." In *BBC News*, http://www.bbc.co.uk/news/business-16480140 (January 10, 2012).

- "Olympus investigation panel finds 'rotten' management." In *BBC News*, http://www.bbc.co.uk/news/business-16044943 (December 6, 2011).

- "Prosecutors raid the HQ of Olympus in earnings probe." In *BBC News*, http://www.bbc.co.uk/news/business-16281034 (December 21, 2011).

- Tabuchi, H., 2013, "Suspended sentence in Olympus fraud case." In *New York Times*, http://cn.nytimes.com/business/20130704/c04olympus/en-us/ (July 4, 2013).

- Woodford, M., 2012, *Exposure: Inside the Olympus Scandal: How I went from CEO to Whistleblower*. New York: Penguin.

中國山西省呂梁集體貪腐案

2015 年 7 月 20 日，中國大陸中央政治局決議將前中央辦公廳主任兼前統戰部長令計畫開除黨籍及開除公職（俗稱「雙開」）。令計畫被指控嚴重違紀，包括了違反黨的政治紀律、政治規矩、組織紀律、保密紀律；利用職務收受賄賂；違紀、違法獲取黨和國家大量核心機密等罪名。依《中國紀檢監察》（2015 年第 2 期），令計畫背後是貪腐家族不當的私利，偵破一案扯出一大窩。較早前，在十八屆中央紀律檢查委員會第三次全會上（2014 年 1 月 14 日），中共總書記習近平對這類家族式貪腐有更具體的描述：「黨內決不能搞封建依附那一套，決不能搞小山頭、小圈子、小團夥，決不能搞門客、門宦、門附那一套，……有的案件一查處就是一串人，拔出蘿蔔帶出泥，其一個重要原因就是形成了事實上的人身依附關係。」2014 年是中國反貪令人矚目的一年，多名中央級大員高官被雙開，省級高官因貪被撤職的人數亦不少，省級以下的小貪官數目更是驚人。中國官方媒體在報導這些貪腐事件時，「家族貪腐」、「山西幫」、「秘書幫」、「石油幫」、「窩案」、「小圈子」、「團團夥夥」這些等名詞經常出現。以山西省為例，「山西幫」頓時成為了巨大的貪腐集團的代名詞。而山西貪腐集團的標竿團體，除了以令計畫為中心的令氏家族外，還有其他散布在山西省內各市縣的貪腐集團，其中以呂梁的貪腐集團最具代表性。本案以山西幫為主軸，對令氏家族做簡要的陳述後，集中討論呂梁的貪腐狀況。

令氏貪腐家族

2014 年 2 月到 8 月的半年間，山西省有 7 名省級高官被免職，包括了時為中央委員及統戰部長令計畫的哥哥，山西省政協副主席令政策（見下文）。令計畫由於涉嫌嚴重違規，在同年 12 月 22 日被調查。令氏家族其後被冠上「貪腐家族」的惡名，貪行逐漸曝光，跟 2 年前一宗交通意外戲劇性地扯上關係。2012 年 3 月 18 日北京發生一宗嚴重車禍，一輛黑色法拉利超級跑車在四環保福寺橋東輔道撞到路邊的高牆解體，車中 3 人被拋出車外，司機當場死亡，2 名同車女子一死一重傷。死者司機正是令計畫的 23 歲兒子令谷。當時，令計畫濫用職權，試圖掩蓋此宗意外。此車其後被查出是曾任太原鋼鐵集團董事長陳川平早期送的，太原鋼鐵的公司帳目上有這筆買車支出的紀錄。陳川平是前山西省委常委及前太原市市委書記，與令政策及令計畫五弟令完成都有深厚私交。這宗車禍意外地讓陳川平跟令計畫家族的關係曝光，陳川平送令計畫如此厚禮，其中深義不言而喻。2014 年 11 月開始，媒體刊登多篇有關令計畫五弟令完成及姪子令狐劍的報導，稱令完成化名為商人王誠，借助家族關係，以交叉持股方式投資公關、廣告、私募及網路資訊等產業，建立龐大商業王國，獲利甚豐。其後，王誠成立匯金立方私募公司，並任董事長，資金達 20 億元人民幣（下同）。據報導，匯金立方在 7 家上市公司都有投資，而 7 家公司都在匯金立方的協助下成功上市。令計畫被調查消息傳出後，這 7 家公司的股票都下跌。2015 年 6 月前政治局常委周永康因受賄罪、濫用職權罪、故意洩露國家秘密罪，判處無期徒刑。周永康案揭露了所謂「新四人幫」的陰謀集團，成員除了周永康外，還包括 2012 年判罪的薄熙來、徐才厚、及令計畫。此外，令計畫 2007 年在北京成立的西山會，專門吸納山西省籍的官員及商人，暗中建立同盟，廣結人脈，為圖私利，被批為拉幫結派，結黨營私。

呂梁貪腐重災區

　　山西腐敗重鎮呂梁，市長一職 2015 年整年空懸著，到同年 12 月才有新官出任代市長。2014 年是呂梁第一回合的反貪，有 400 多名貪官被撤職；2015 年上半年的反腐第二回合中，有 1,101 名貪官遭查處。中共十八大後的反貪風暴中，呂梁是貪腐的重災區。在山西被立案審查的 7 名省級領導幹部中就有 3 名曾在呂梁當過官，包括 2 名市委書記。2014 年 6 月至 8 月，山西省委常委及副省長杜善學、山西省委常委及秘書長聶春玉、統戰部部長白雲，先後因涉嫌嚴重違紀被革職。省級以下，呂梁貪官比比皆是。前市長丁雪峰、前副市長張中生、前人大常委會副主任鄭明珠等 3 名市級幹部被立案審查；煤業富商邢利斌、袁玉珠等 10 多名商人被調查。山西省這類「坍方式腐敗」導致全省的幹部職位一度有 300 個空缺。

如果沒有中央主導的打貪的雷厲風行，可能很少外省人知道呂梁市的存在。呂梁這個遍遠的產煤小鎮位在山西中部偏西黃土高原，離太原約 187 公里，境內丘壑縱橫，土地貧瘠，屬於人口貧窮革命老區。呂梁雖遍遠，但煤礦甚豐，但令其出名的不單是一夕致富的煤商，而是自 2014 年大批山西及呂梁高官在反腐浪潮下馬而曝光的黑金政治。呂梁市內的中陽縣及交口縣的煤礦，造就了幾家大型的私營煤公司，著名的中陽鋼鐵就在此創立。2007 年開始，經濟高速發展帶動煤價不斷上揚，呂梁市的財政收入一直扶搖直上，除了受 2008 年金融風暴輕微影響之外，收入都不錯，2010 年 GDP超過了 800 億元，排名山西省第 4 名，但增長率是全省之冠，財政收入超過200 億元，到 2012 年更達 341.7 億元，亮麗的財政成績羨煞旁省。然而，好景不常，2013 年全國炭煤市場下滑，煤價跌至每噸 200-300 元，是 2008 年到 2010 年平均價格的一半。呂梁的大起大落不單是財政收入方面，伴隨著其盛衰的是為呂梁蒙上貪腐重鎮的歷史黑名。

呂梁的急遽變化始於 2003 年左右。隨著國家經濟高速發展，焦煤需求大增帶動了煤價飆升。呂梁境內富含獨特及價高的 4 號主焦煤，價高飆升至每噸 1,800 多元，是普通電煤價格的兩、三倍。呂梁財政收入增速一度位列全省首位，大小煤礦廣布全市，成為創富機器。煤炭行業頓成為顯業，煤炭生產占全市經濟增長超過 70%。煤老闆轉眼成為千萬、億萬富翁。然而，一煤獨大的資源經濟並沒有為當地大部分貧窮住民帶來好處，產煤利潤只落入少數人的口袋裡，貧富差距變得更嚴重。13 個縣（市、區）仍有 10 個貧困縣，其中 6 個為國家重點扶貧工作縣。全市仍有貧困人口 88 萬，是全市總人口的 23%。此外，職災頻生、生態環境破壞，社會矛盾加劇，都是呂梁急速發展的代價。如上文所言，呂梁在歷史留名並不是其經濟急起急落，而是惡名昭彰的黑金政治及貪腐集團。呂梁集體貪腐的主要關係人是官員及煤商，前者包括前市長丁雪峰、前副市長張中生、與前山西省委常委聶春玉及杜善學、山西省政協副主席令政策等；後者主要是煤業大亨：山西聯盛能源公司董事局主席邢利斌、山西大土河焦化公司董事長賈廷亮、呂梁市山西離柳焦煤集團原董事長邸存喜、中陽鋼鐵董事長袁玉珠等。瞭解官員如何走向腐敗、商人怎樣行賄、官商如何勾結形成貪腐聯盟，有助揭開組織腐敗的成因及過程。

呂梁貪官群像

◈ 丁雪峰

前呂梁市長丁雪峰（1963 年生），山西省左雲縣人。從丁雪峰過去當官的大部分日子裡，找不到明顯貪腐的痕跡。事實上，百姓心目中的丁雪峰是好官，他將呂梁從一個落後的小縣城，發展成一個有深厚經濟實力的地方，功勞不少。然而，丁雪峰上任市長前，曾涉嫌用 2,000 多萬元買官，背後金主是孝義市的兩名商人。2014 年 2 月，丁雪峰因涉嫌貪污被免職。丁雪峰貪腐的路有跡可尋，且足以反映貪官沉淪的過程。1999 年 8 月，丁雪峰時任河曲縣長時被國家人事部授予全國十佳「人民滿意的公務員」獎。2001年，丁雪峰調任呂梁行署副專員，38 歲被擢升為副廳長。之後，仕途停滯，當了副市長 8 年。丁目睹周邊的人個個都升了官，心裡不好受，於是邪念萌生，走買官的險途，一步步走向腐敗。中國官場中像丁雪峰的人為數不少，買官、賣官司空見慣，丁雪峰只不過是眾多遵從了呂梁官場的潛規則其中一官員而已。這裡流行的順口溜：「5 萬掛個號，10 萬報個到，15 萬朝你笑一笑」似乎道盡一切。官位買賣有價，15 萬起跳。

◈ 張中生

前呂梁副市長張中生（1952 年生），山西省柳林縣人。張中生從低層公務員做起，先任中陽縣糧食局保管員，遊走中陽政商兩界 30 餘年，深耕商界人脈，最後升任呂梁副市長，負責煤炭工業，大力推動民營經濟、促進煤炭資源整合和煤礦安全生產以及扶植民營企業轉型發展等方面，表現出眾。張中生行政效率一流外，亦是創造財富的高手。他在中陽縣有巨大的影響力，與中陽鋼鐵董事長袁玉珠私交很深，中陽鋼廠雖是民企，張卻有實質操控之權，中陽因此成了張中生仕途背後的金主。中陽鋼廠創立於上世紀1980年代，僅用了20多年就能從一家微不足道的小廠發展成資產達200多億元的大型鋼廠，過程中張中生幫了不少忙。創富能人張中生，亦是一名以權謀私的高手，權力坐大後，便開始尋租收賄，恣意妄為，視法紀為無物。擔任中陽縣委書記、縣長期間，張中生利用手上的審批權，通過關、停、查小煤礦、及煤炭資源整合等機會，索取貪款自肥，一步步陷入腐敗的深淵。袁玉珠及其他的煤老闆都很配合張中生，同時是他的金主，提供張買官所用的錢。張中生跟山西聯盛能源董事長邢利斌的關係更非比尋常（見下文），邢在中陽縣賺的第一桶金都是受惠於張中生的，因此邢視張為教父，樂於擔當張之金主，大力援助張升官。張掌握炭煤產業的審批權，自然回報金主之恩，處處為金主著想，為他們輸送利益。錢權交易在此表露無遺。

◈ 聶春玉

前山西省委常委聶春玉（1955年生），山西省侯馬市人，中央黨校研究生學歷。聶春玉1973年入黨。1976年擔任公職，隨後的主要官職如下：1992年9月任省委政策研究室副主任；1997年1月任省委農村工作領導小組辦公室副主任兼農業產業化辦公室主任；2000年10月任省政府經濟研究中心主任、黨組書記；2001年6月任省政府改革與發展研究中心主任、黨組書記；2003年1月任呂梁地委副書記、行署專員；2004年2月任呂梁市委副書記、市長；2006年2月任呂梁市委書記；2011年1月任省委常委、統戰部部長；2011年11月1日，在中共山西省第十屆委員會第一次全體會議上當選中共山西省委常委；2013年2月任省委常委、秘書長。直至在2014年8月23日被雙開前，聶春玉官運順暢。雙開的罪名，疑涉及他在2009年秋天呂梁市舉辦的縣級幹部公開選舉時收賄，讓特定人物當選（見下文）。當時有一名聲稱支付了 400 萬元賄款的副縣長落選，其後在網上貼文抱怨，聶春玉當時沒有進行調查，反而親身安撫各落選者，並為他們在各市里各局安排職位，試圖平息事件，防止事態擴大。此事雖經中紀委兩次的調查，但並未發現不當。此後，聶春玉官運更上一層樓，2011 年 1 月被擢升為山西省委常委。聶春玉之所以成功登上大位，跟背後煤老闆金主的金彈攻勢有密切關係。當時參選的有 9 個市及諸多省直轄單位的領導，但都未能被選上，呂梁卻有 2 名官員升為省常委，呂梁因此堪稱造官之市，究其原因，主要是呂梁富甲天下的煤大亨的銀彈實力操作的效應。聶春玉在呂梁主政 8 年，正值呂梁經濟躍升的 10 年，亦是貪腐集團成形的活躍時期。

◈◈ 杜善學

　　前山西省委常委及副省長杜善學（1956 年生），山西省臨猗人，中央黨校研究生學歷，哲學碩士學位。1975 年加入共產黨，1976 年進入政府工作，在臨猗縣財稅局辦公室任農財股幹事；2000 年任山西省財政廳副廳長；2003 年升為山西省長治市委副書記、代市長；同年 4 月升為市長；2008 年升為長治市委書記；2011 年調任呂梁市委書記；2012 年升為山西省委常委及秘書長；2013 年升為山西省委常委及副省長。從杜的升官圖可見他官運亨通。時任長治市委書記的杜善學有參加 2009 年那場選舉，雖然落選，但被調任呂梁當官 10 個月後就被擢升為省委常委，不少人合理懷疑這是跟背後有力人操作的結果。杜善學在 2014 年 6 月涉嫌嚴重違紀違法，被有關當局調查，同月 23 日被免除職務。2015 年 2 月，中共中央決定開除其黨籍及開除其山西省省委常委及副省長公職。杜善學的罪行包括以權謀私、受賄行賄、嚴重違反黨的政治規矩和組織紀律，嚴重違紀違法。

◈◈ 令政策

　　山西省政協副主席令政策（1952 年生），山西平陸人，是中央辦公室主任及統戰部長令計畫的兄長。令政策當過國營硫礦工人，其餘時間都在山西省擔任公職，從山西省委辦公廳辦公室文書信息處幹事開始，任過糧食局副局長；其後當過山西省發展計畫委員會副主任、常務副主任及黨組副書記（2000-2004）；2004 年到 2008 年擔任山西省發展和改革委員會主任及黨組書記，接著升為山西省政協副主席（2008/04-2014/06）。令政策是 2015 年 6 月中因涉嫌嚴重違紀被調查，中共中央紀律檢查委員會公布此消息時並沒有提供具體詳情。同月 23 日，中央組織部證實，中央已決定將令政策免職，並循有關程序辦理。媒體猜測，這可能跟令政政策曾任山西省發展改革委員會主任時的作為有關，發改委權力很大，負責制訂煤炭的分配，昔日他省對煤炭需求很大，涉及的利益很大。煤礦業的技術改造、煤坑的兼併、煤業要開發新項目，都需要發改委的審批，若官員心存貪念，有意尋租，貪腐得逞並非難事。令政策稍後被雙開所涉嫌的罪行，大致上跟這些有關。2008 年令政策調升山西省政協副主席，雖然不屬行政部門，但仍有一定的影響力。那時山西省成立了能源產業基金，基金 100 億元可支助各種投資建設，令時任基金領導小組副組長。2015 年 8 月 21 日，中央紀律委檢查會（中紀委）對令政策涉嫌違紀行為做審查，並確認其以權謀私，收受賄賂。依據《中國共產黨紀律處分條例》等有關規定，中共中央基於令政策嚴重違反黨的政治紀律和政治規矩、組織紀律，違紀行為嚴重，決議開除令政策黨籍及公職，並就其涉及刑事罪行問題，移交司法部門處理。

◈◈ 煤商邢利斌

　　邢利斌（1967 年生），山西省柳林縣人，山西大學畢業，由租賃本縣金家莊鄉辦煤礦起家。邢利斌能幹有想法，富冒險精神，煤礦經他的技術升級，煤產量大幅提高，由初期的 10 萬噸增長到 60 萬噸。2002 年他以 8,000 萬元的低價收購了財政收入 2 億元的當地最大的國企煤興無煤礦，用財務槓桿手法，利用銀行及私人借款，擴大經營，不斷收購當地的中小型煤礦、擴大規模，過程中，被他奉為教父的副市長張中生暗中幫了大忙，令邢的生意愈做愈好。其後，邢將公司重組成山西聯盛能源集團，迅速成為身價超過百億的煤炭超級富豪。2007 年，邢因涉嫌騙貸被調查，其間友人出錢出力營救他。時任呂梁市委書記聶春玉為邢奔走斡旋，最後由山西省人大向全國

人大上書為邢求情，以他對社會貢獻為由，請求讓邢把騙貸的 7,000 餘萬元
全部還清，免其刑責。邢利斌受到官員相挺渡過了難關後，感念恩人相助，
有機會就不忘報恩。2008 年，邢趁山西煤炭產業大整合之機會，先將公司
跟央企華潤合併，組成華潤聯盛集團，然後將 39 個礦井購併入華潤聯盛旗
下，適逢山西主焦煤市價高達每噸 1,700 元，公司從售煤賺了大錢。由於有
關官員受到邢的回報，不少已成為邢的口袋人物，為他提供種種「方便」，
令他在併購煤坑煤廠時予取予求，審批順利，如有神助。公司規模不斷擴
大，公司資產併購完畢時達 600 億元。

聶春玉等官員是在刑遇難時的救命恩人，邢成功後並沒有忘記報恩，聶
升官所需疏通官門的金錢，邢一肩挑起，為他打通升官之路。同樣地，杜善
學的升官，邢亦出錢幫了大忙。兩名呂梁官員在同一年升為山西省委常委，
充分反映呂梁商人的實力。邢是念舊之人，除了養官外，他將賺到的錢部分
回饋鄉里，計畫在老家柳林縣留譽鎮蓋建一座新城，新城內有一個 154 公里
的農業園區，裡面除了聯盛的總部外，預算建數千套住房。邢被捕時，園區
已投資了 20 億元。柳林縣的高紅工業園及教育園區，邢自 2009 年以來投下
了 40 億元。聯盛 2011 年的員工數達 3.6 萬人，繳交的稅金累積數達 167 億
元。邢 2014 年 3 月因涉嫌多宗官商勾結的不法買賣被拘捕，接受調查。他
周邊的官商友群，都是由於腐敗違法，不是被關就是被撤職。邢被捕受審查
時間長約半年，之後，聶春玉及杜善學就隨即被雙開。

◈ 呂梁官場潛規則

要更具體瞭解官場腐敗，且看 2009 年呂梁的一場官員選舉。該年 6 月
呂梁市的 13 個區縣市舉辦公開推選縣長，公布的推選程序嚴格，推選分 5
個階段。各縣符合參選資格的官員，先在鄉級及科級中由幹部投票選舉，接
著由呂梁市各部門領導投票推選。第 3 階段是獲選者接受面試，第 4 階段是
由呂梁市 4 大班子做考察，通過這 4 層篩選的候選官員最後由呂梁市委常委
們投票決定 8 名的縣長名單。一次選舉經過 5 層的行政，在權力運用不透明
及缺乏監督下，等於要通過 5 輪索賄的手，權力者可以大撈一筆。2010 年

在網路上廣泛流傳一篇自稱是呂梁某縣縣長的作者貼文，題為「一頂烏紗帽，千萬雪花銀」，陳述作者在該次選舉失敗的挫折，知情者都同意內容有不少真實性，有記者親到山西核實了貼文所言大致上接近真相。據貼文透露，一切程序表面上公平公開，但檯面底下卻是見不得光的錢權交易，「公正是要有領導支持的，公平是伴隨著私下的秘密交易，……權力做為人情社會中最具社會價值的稀缺資源，關係加金錢是成功的關鍵。」作者還透露自己在選舉中花了 400 萬元，都是平日工資存款、多年禮金、借貸及企業贊助籌回來的，又說這數目只及當選者所花的三分之一經費云云。依到呂梁求證的記者報導，一直以來這邊用人選人都不公平，候選資格在大多數情況下都為特定人物量身訂做，選舉未開始已內定了當選人，公正公開都是假像。一位熟悉官場買官生態不願透露姓名的官員稱，呂梁的縣區主要官員，每逢春節都會收到鄉鎮書記、鄉鎮長每人 5-10 萬元的禮金，縣直管轄局的官員每人 5 萬元，一些等待升官的官員的禮金，累計約 500 萬元。這裡賄選成風，是公開的秘密。多位受訪的官員認為，2009 年的選舉，是高官斂財的黃金機會，而被指最大的受益者正是等待高升的省級官員的聶春玉。

倫理分析

山西反貪大地震後，剛調任到山西省委書記王儒林，描述山西集體貪腐是「一坨一坨的」、「一查就是一幫」、「一動就坍方」等，這些具象的語詞已成為集體貪腐的鮮明標籤。此外，王儒林還歸納了山西集體貪腐的三個特點：第一，量大面廣。從省到市、縣、鄉、村，腐敗縱向蔓延；就政府內，煤炭部是重災區、交通部是高頻區，連紀檢監察、組織部都難倖免。2014年審查了紀檢監察部門的 117 人，其中有 56 人由涉貪而被革職。第二，集體坍塌。省兩屆 4 個班子涉嫌貪污，被調查及處分的有 7 人，市一級官員被查處的包括了太原三任市委書記、公安局長。縣級涉貪官員包括高平市兩任的市委書記、市長、1 名紀委書記；村幹部則有幾 10 名涉案。第三，嚴峻複雜。貪腐涉及龐大賄款，從幾百萬到上億元。然而，令人匪夷所思的是，

2014 年開展的反貪正如火如荼之際，官員仍貪行不止，繼續收賄。例如，2014 年 12 月被雙開的官員，11 月時接受了市值 280 萬元位於三亞的房產，12 月被雙開當天，身上還帶著 1 萬歐元賄款，可謂貪膽包天。

　　山西的集體貪腐是典型的權力尋租，同時亦是大規模的組織腐敗。呂梁坍方式的貪腐好比一場貪腐的完美風暴，構成風暴的元素：貪腐人（貪意、貪行）、行賄人（願意付賄、養官）、環境（組織、體制、習俗）以及機會（二次煤改）都出現在這個案子內，坍方式貪腐不出現才是奇蹟。聶春玉急於推廣民營企業、張中生對小煤商的協助、邢利斌愛用槓桿發財，配合煤需求大，及權力集中且無有效監控，黑箱作業，過程無透明度。官商互挺互助，投挑報李，人情及錢權混合，完美的貪腐風暴注定發生。上文對犯案的官及商的貪行都有述及，今用山西以外的兩個案例，對官員如何踏上貪腐的第一步做一補充，再就機會及環境做進一步分析。

◈ 爛蘋果──貪瀆者貪瀆的過程

　　《當代貴州》（2013: 18）的一篇文章「他們怎樣邁出貪腐第一步」，收錄了由貴州省紀委監察廳編的《反腐倡廉典型案例警示教育讀本》的一些貪官如何貪腐的例子，以下是兩個典型：

　　案例一：三穗縣前副縣長楊昌明本來是教師，其後進入官場，順利升為副縣長，管經濟貿易，仕途一路順風，可惜禁不起權力的誘惑，起了歪念，心理不平衡，走上貪腐。過程是，副縣長的權力大，要管的事多，而前來要他幫忙的人亦愈來愈多，其中不少受他幫忙的商人都變成大老闆，賺了不少錢。這時楊的心理在不知不覺中起了變化，眼見這些人都一個一個地富起來，但自己卻得不到一點好處，仍舊當一個薪水低的公務員，心中很不好受，於是開始為自己貪腐犯意找尋藉口，心想：因我的幫忙而發財的人，難道不用給我應有的回報嗎？接受他們的感恩回報，難道有錯嗎？經過一番的合理化，索賄受賄的不當行為從不應做逐漸變為不算不對，及可以接受了。在這種心理的轉變下，2008 年 2 月，當時在地一家木業行就公司改造向縣方申請資金 50 萬元，楊負責審批該申請，申請成功後，楊打電話給木業行負責人，稱申請成功是他的功勞，要求給他報酬 1.5 萬元。從此，楊踏出了索賄的第一步，跟著索賄愈多，賄款數目愈來愈大，走上了貪腐的不歸路。

案例二：道真自治縣舊城鎮社會事務辦公室主任韓忠映出生貧窮，因為是長子，自小就挑起養家責任，為人勤奮，努力向上，其後考進了政府部門。楊工作認真、主動，常自願做別人不願做的苦差事，同事、上司都稱他為人老實，盡忠職守，他亦多次獲優良服務獎，2009 年 5 月被擢升為鎮社會事務主任。之後，韓的思想行為發生了變化，工作由積極轉為被動，失去過往的認真及熱情，究其原因，是他看到往日的同學及同仁，不是發了財，就是做了大官，而自己仍是小官一名，心裡酸酸的；再者，他的長期慢性肝病每月花去他千元的藥費，占他薪水的大部分，生計倍感壓力。不知從何時起，他萌生了以權謀私之歪念，在貧窮農戶生活補貼金的發送程序上鑽漏洞，2010 年 4 月他將 4 戶保戶的銀行賬號，篡改為自己的銀行賬號，不法地偷取保金 3,006 元，賺取了他第一桶貪污的金，之後，他變本加厲逐漸偷取低保戶的生活福利金，到 2012 年被查獲時，已竊取了低保金 18 餘萬元。

楊昌明及韓忠映雖是縣級小官，官階跟令政策、聶春玉、杜善學及張中生相差甚遠，但從良好公務員第一步陷入貪腐的泥沼卻有不少相似處。

◈ 機會：二次煤改

據調查，呂梁官商貪腐集團形成時間大概是 2002 年。當時，煤炭價格開始從谷底回升，焦煤及電煤平均價格是每噸 198.8 元，並繼續上漲，煤炭業生意火紅，呂梁一片榮景。這時亦是官商貪腐聯盟形成的高峰期。一直以來，山西產煤區散布著規模小、管理差、數量多、技術低的小煤礦，經濟效率差、產能低、煤災頻仍，且對環境破壞大。不單如此，有關部門利用機會向小煤礦主索賄，權力尋租司空見慣。山西省政府在 2005 年及 2007 年先後推動了兩次煤炭產業的改革，通過關礦、合併等手段，試圖整頓煤業，推動產業轉型，提升生產水準，改善炭煤的經濟效益。問題是，如此大幅度的改革代表著權力與利益的重新分配，必定涉及很多人的利益，有受益者亦有受害者，既有利益者要維持優勢，需要官員保護，怕失去利益的更要找保護人，這正是權力尋租的溫床，若無縝密的規劃，及有效的監督，腐敗必生。事實上，這正是山西煤改的亂源之一。用意良善的改革，由於官本位體制，行政權力獨大，未有有效的監督，為權力尋租製造了絕佳機會，令本來已貪腐橫行的煤炭產業更是變本加厲。山西有合法牌照的煤坑有 4,200 個，但非法的煤礦更多。長期以來，這些非法煤礦東主都向包括公安、安全監督、煤炭、交通部、紀律等各公部門行賄，收買官員成為自家的門神。換言之，每個非法礦坑背後都養了一大群的貪官，合法煤礦為求自保亦會養官。煤商養官自保，官員尋租自肥，錢權交易，各取所需，導致山西貪腐的盤根錯節，腐敗鋪天地蓋地，無怪貪腐都是坍方式的。

◈ 貪腐習俗

運城、大同、陽泉、呂梁是山西的煤炭重鎮，歷年也出了不少大官，官場有所謂「運城系」和「呂梁系」。諷刺的是，官愈多的地方愈是貪腐的重災區。單以呂梁為例，呂梁官商勾結習以為常，買官、賣官稀鬆平常，是公開秘密。前山西省委常委聶春玉、省委杜善學與聯盛集團董事局主席刑利斌、大土河集團董事長賈廷亮，呂梁副市長張中生與刑利斌、中陽鋼廠董事長袁玉珠都有綿密的政商關係，官員與富商交住親密，公開互挺而從不迴避，旁若無人。2011 年，山西省焦煤領域反腐敗專責單位公布的資料，兩年多共查獲違紀黨員幹部 3,289 人，涉及廳級幹部 8 人。同年，公營的山西焦煤集團董事長白培中家中遭搶劫，損失財物達 1,078 萬元。追查時扯出案中案，白培中被發現收賄。然而，該調查由山西省委主導，白培中只受到輕罰，處以免職及留黨一年了事。但這個案件已成為紀委的查腐重要線索，終於在 3 年後突破沉積多時的腐敗，將貪腐集團法辦。據呂梁市紀委 2014 年反腐報告（山西省紀委監察廳 2015 年 1 月 5 日公布），2014 年以來，呂梁市共處分 433 名官員，其中縣處級幹部 21 人、鄉科級幹部 412 人，各級貪官之多，令人心寒。然而，更令人震驚的是，呂梁紀委最新反腐報告揭露，2015 年上半年，呂梁市紀檢監察機關處分違紀黨員幹部 1,101 人，跟同期增長 15.7%；移送司法審理的 53 人，跟同期增長 7.8 倍。這是一幅怵目驚心的集體腐敗圖像，呂梁從根爛起，貪腐之毒滲透全身。值得注意的是，呂梁是否只是中國貪腐冰山一角，是否還有許多呂梁未被揭發。從本書的理論角度，呂梁是具有中國特色的組織腐敗，反映組織倫理之陰暗面。

◈ 體制失靈

像張中生，聶春玉、杜善學、白雲這些高官涉嫌嚴重違紀違法，是經歷一個不短的過程，但他們的敗行不單未被察覺或阻止，還能順利步步高升，反映組織內部監督機制失能，無法及時偵測尋租行為。其次，任人之機制亦明顯失靈，無法甄選賢能之才，讓良才執政，卻讓貪官坐擁權位，胡作非為、違規犯紀、以權謀私、貪瀆自肥，或利用威迫利誘，吸納貪腐的夥伴，或將之收納成為家臣，暗中建立貪腐共生聯盟，互相掩護、彼此包庇。物以類聚，貪腐之風蔓延，近墨者黑，劣幣驅逐良幣，發展成集體式貪腐。權力過分集中在少數人的手裡，若沒有有效監督，容易發生濫權尋租，貪污腐化。一把手之所以成為貪腐的高危群，道理亦在這裡。因此，必須「將權力關進籠子裡」，讓權力受到約束。權力的行使要嚴守法律規章，權力者不能有過大的酌量權，且要保持高度的透明度，攤在陽光下的權力就不會腐化。將權力分散，讓權力互相制衡及監督，亦是防止權力被濫用的有效做法。組織外缺乏有效的監督，亦是貪腐的原因。獨立的檢察機構、獨立的自由媒體、反貪的公民社會，若能發揮功能，對遏阻及偵測貪腐有一定效用。政府機關及企業內建立保護揭發者（whistle blower）制度，鼓勵及保護組織內有正義感的員工舉報不法貪污，是防貪、反貪的機制。

買官、賣官帶來沉重的社會代價。支付貪官買官的黑錢，貪官當官後必要會對價或加倍奉還，行賄商人為貪官升官所出的錢愈多，貪官要回報商人的利益愈豐厚，這是千古不易的官商貪腐規律。貪腐嚴重損害公平競爭，造成行政崩壞，破壞人民對政府的信任，社會成本極為昂貴。

〔後記：由於本案涉及案子的起訴書及判決書都未有在有關的官網上公布，而有關的學術論述不多，依據的資料主要來自中國的幾個主要網站，資料相互比對及有必要時上政府的官網做核實。這是本案資料來源的一個侷限。〕

參考文獻

- 「山西貪腐發生都是一坨一坨的」。北京新浪網，http://news.sina.com.tw/article/20150307/13958826.html，2015 年 3 月 7 日。
- 「山西官場潛規則：晉南拼人，呂梁鬥錢」。文匯網，http://news.wenweipo.com/2014/09/05/IN1409050004.htm，2014 年 9 月 5 日。
- 「小圈子害死人！反腐打掉的那些『團團夥夥』」。中國網事，http://news.xinhuanet.com/politics/2015-01/04/c_127355783.htm，2015 年 01 月 04 日。
- 「王儒林山西調研首站選呂梁，直面腐敗問題不迴避」。人民網，http://news.sohu.com/20140923/n404551368.shtml，2014 年 9 月 23 日。
- 「半年查處千餘貪官王儒林點將救呂梁」。海外視角，https://www.powerapple.com/news/zhong-gang-tai/2015/12/14/2534364.html，2015 年 12 月 14 日。
- 「他們怎樣邁出貪腐第一步？」。《當代貴州》，2013 年第 19 期：18-19。
- 「呂梁煤都興衰：『四大家族』暴富邢利斌最另類」。搜狐網，http://news.sohu.com/20141208/n406754697.shtml，2014 年 12 月 8 日。
- 「黑金朋友圈：山西官場地震的隱性震源」。搜狐網，http://news.sohu.com/20140909/n404157718.shtml，2014 年 9 月 9 日。
- 「媒官的貪腐歷程：從專家到三多官員」。中國新聞網，http://politics.people.com.cn/n/2015/0303/c70731-26628562.html，2015 年 3 月 3 日。
- 丁錦宏、奚萍、陳怡，2010，「30 名貪污受賄人員心理蛻變過程的質性研究」。《廉政文化研究》2: 49-54。
- 山西病人，2011，《山西煤老闆揭底》。南昌市：百花洲文藝出版社。
- 王湛國，2012，《煤老闆》。南京：江蘇文藝出版社。
- 姚冬琴，2015，「令計畫：一個家族及其貪腐朋友圈的落幕」。大公報，http://news.takungpao.com.hk/mainland/focus/2015-01/2905757_，1 月 29 日。
- 陳竹心，2014，「山西官場潛規則之炭官還是貪官」。澎湃新聞，http://www.wx135.com/zh-tw/articles/20140830/68500.html，8 月 30 日。

- 孫利榮，2014，「呂梁：煤老闆的官場代理人遊戲」。鳳凰網，http://news.ifeng.com/mainland/special/dlzzll/，12 月 14 日。

- 孫聞、呂曉宇，2014，「一座被「黑金」絆倒的英雄城市——來自山西呂梁的反腐報告」。新華網，http://politics.people.com.cn/n/2014/1102/c1001-25956558.html，11 月 2 日。

- 郭清媛、田園、歐陽豔媛，2014，「呂梁的黑金十二年」。財新網，http://china.caixin.com/2014-10-21/100740817.html，10 月 21 日。

- 張彥，2014，「山西呂梁，中國式腐敗標本」。紐約時報（中文版），http://cn.nytimes.com/china/20141231/c31chinacorrupt/en-us/，12 月 31 日。

- 楊同柱，2015，《貪官懺悔錄》。北京：清華大學出版社。

- 餞學兵，1996，「對 100 名貪污賄賂犯罪分子心理的探討」。《社會與法》第 10 期（總第 44 期）：35-36。

- 羅昌平，2014，「一份沉重的報告——名高官貪腐樣本」。《決策 11-12 期（總第 380 期）：125-138。

- 欒大鵬，2014，「小官貪腐，哪些心態在作祟？——基於 9,634 份公眾樣本的調查分析」。《人民論壇》11: 12-15。

參考文獻

中文書目

- 文崇一，1989，《中國人的價值觀》。臺北：東大圖書。

- 王安智，2014，〈德行領導本：本土概念或普同現象〉。《中華心理學刊》56: 149-164。

- 朱建民、葉保強、李瑞全，2005，《應用倫理學與現代社會》。蘆洲市：空中大學。

- 周婉茹、鄭伯壎、連玉輝，2014，〈威權領導概念源起、現況檢討及未來方向〉。《中華心理學刊》56: 165-189。

- 周建濤、廖建橋，2012，〈為何中國員工偏好沉默：威權領導對員工建言的消極影響〉。《商業經濟與管理》11: 70-81。

- 周麗芳、鄭伯壎、樊景立、任金剛、黃敏萍，2006，〈家長式領導〉。頁45-82，刊於鄭伯壎，姜定宇編，《華人組織行為：議題、作法及出版》。臺北：華泰文化。

- 姜定宇、鄭伯壎，2003，〈組織忠誠、組織承誠、及組織公民行為〉。頁115-152，刊於鄭伯壎、姜定宇、鄭弘岳，2007，《組織行為研究在台灣：三十年回顧與展望》。臺北：桂冠。

- 徐瑋伶、黃敏萍、鄭伯壎、樊景立，2006，〈德行領導〉。頁121-149，刊於鄭伯壎，姜定宇編，《華人組織行為：議題、作法及出版》。臺北：華泰文化。

- 梁建，2014，〈道德領導與員工建言：一個調節中介模型的構建與檢驗〉。《心理學報》46(2): 252-264。

- 張永軍，2012，〈倫理型領導對員工反生產行為的影響：基於社會學習與社會交換雙重視角〉。《商業經濟與管理》12: 23-32。

- 張燕、懷明雲，2012，〈威權式領導對下屬組織公民行為的影響研究：下屬權力距離的調節作〉。《管理評論》24(11): 97-105。

- 景保峰，2015，〈威權領導對員工建言行為的影響：一個有中介的調節作用分析〉。《領導科學》4: 50-53。

- 葉保強，2013，《企業倫理（第三版）》。臺北：五南圖書。

- 郭新東、王晶晶，2013，〈家長式領導的國內研究現狀與研究焦點〉。《阜陽師范學院學報（社會科學版）》153: 103-108。

- 黃光國，1984，〈儒家倫理與企業組織型態〉，頁21-55，刊於楊國樞、黃光國、莊仲仁編，《中國式管理研討會論文集》。臺北：時報。

- 黃光國，1992，《工商業社會中的倫理重建》。臺北：台灣學生書局。

- 黃國隆，1984，〈我國組織中員工之工作滿足〉。頁336-354，刊於楊國樞、黃光國、莊仲仁編，《中國式管理研討會論文集》。臺北：時報。

- 黃國隆，1995，〈台灣與大陸企業員工工作價值觀之比較〉。《本土心理學研究》4: 92-147。

- 楊國樞，1993，〈中國人的社會取向〉。頁 87-142，刊於楊國樞、余安邦主編，《中國人的心理與行為——理念與方法篇（1992）》。臺北：桂冠。

- 楊國樞，1996，〈家族化歷程、泛家族主義及組織管理〉。台灣與大陸的企業文化及人力資源管理研討會，信義文化基金會主辦。

- 楊國樞、黃光國、楊中芳編，2005，《華人本土心理學》（上）。臺北：遠流。

- 楊國樞、黃光國、楊中芳編，2005，《華人本土心理學》（下）。臺北：遠流。

- 趙相忠、土雲峰，2012，〈我國民企家長型領導理論研究綜述〉。《廣西師范大學學報（哲學社會科學版）》48(6): 183-187。

- 劉善仕、凌文銓，2004，〈家長式領導與員工價值取向關係實證研究〉。《心理科學》27(3): 674-676。

- 鄧志華、陳維政、黃麗、胡冬梅，2012，〈服務型領導與家長式領導對員工態度行為影響的比較研究〉。《經濟與管理研究》7: 101-110。

- 賈良定、陳永霞、宋繼文、李超平、張君君，2006，〈變革型領導、員工的組織信任與組織承諾—中國情景下企業管理的實證研究〉。《東南大學學報（哲學與社會科學版）》8(6): 59-67。

- 務凱、趙國祥，2009，〈中國大陸地區家長式領導的結構與測量〉。《心理研究》2(2): 56-59。

- 謝國興，1994，《台南幫的個案研究》。臺北：中央研究院。

- 樊景立、鄭伯壎，2000，〈華人組織中的家長式領導：一項文化觀點的分析〉。《本土心理學研究》13: 127-180。

- 鄭伯壎、黃敏萍，2005，〈華人組織中的領導〉。頁 749-787，刊於楊國樞、黃光國、楊中芳編，《華人本土心理學（下）》。臺北：遠流。

- 鄭伯壎、姜定宇編，2006，《華人組織行為：議題、作法及出版》。臺北：華泰文化。

- 鞠芳輝、謝子遠、寶貢敏，2008，〈西方與本土：變革型，家長型領導行為對民營企業績效影響的比較研究〉。《管理世界》5: 85-101。

英文書目

- ACFE, 2014, Report to the Nations: On occupational fraud and abuse. In *Association of Certified Fraud Examiners*, http://www.acfe.com/rttn/docs/2014-report-to-nations.pdf.

- Adams, J. S., 1963, "Toward an understanding of inequity." *Journal of Abnormal and Social Psychology* 67: 422-436.

- Adams, J. S., 1965, "Inequity in social exchange." Pp. 276-299 in *Advances in Experimental Social Psychology*, Vol. 2, edited by Berkowitz, L.. New York: Academic Press.

- Aguinis, H. & Henle, C. A., 2003, "The search for universals in cross-cultural organizational behavior." Pp. 373-411 in *The organizational behavior: The state of the science,* edited by Greenberg, J.. Mahwah, NJ: Lawrence Erlbaum Associates.

- Albert, S., Ashforth, B. E., & Dutton, J., 2000, "Organizational identity and identification: Charting new waters and building new bridges. " *Academy of Management Review* 25(1): 13-17.

- Alderfer, C. P., 1972, *Human needs in organizational Settings*. New York: Free Press.

- Allen, N. J. & Meyer, J. P., 1990, "The measurement and antecedents of affective, continuance, and normative commitment to the organization." *Journal of Occupational Psychology* 63: 1-18.

- Allen, N. J. & Meyer, J. P., 1996, "Affective, continuance, and normative commitment to the organization: An examination of construct validity." *Journal of Vocational Behavior* 49: 252-276.

- Amburgey, T. L. & Rao, H., 1996, "Organizational ecology: Past, present, and future directions." *Academy of Management Journal* 39: 1265-1286.

- Anand, V., Ashhforth, B. E., & Joshi, M., 2004, "Business as usual: The acceptance and perpetuation of corruption in organizations." *Academy of Management Executive* 18(2): 39-53.

- Aquino, K., Lewise, M. U., & Bradfield, M., 1999, "Justice constructs, negative affectivity, and employee deviance: A proposed model and empirical test." *Journal of Organizational Behavior* 20: 1073-1091.

- Arlow, P. & Ulrich, T. A., 1980, "Auditing your organization's ethics." *Internal Auditor* 39(4): 26-31.

- Arnold, K. A., Turner, N., Barling, J., Kelloway, E. K., & McKee, M. 2007, "Transformational leadership and psychological well-being: The mediating role of meaningful work." *Journal of Occupational Health Psychology* 12: 193-203.

- Ashforth, B. E., 1994, "Petty tyranny in organizations." *Human Relations* 47: 755-78.

- Ashforth, B. E. & Anand, V., 2003, "The normalization of corruption in organizations." *Research in Organizational Behavior* 25: 1-52.

- Ashforth, B. E., Harrison, S., & Corley, K., 2008, "Identification in organizations: An examination of four fundamental questions." *Journal of Management* 34(3): 325-374.

- Ashforth, B. E. & Humphrey, R. H., 1995, "Emotion in the workplace: A reappraisal." *Human Relations* 48: 97-124.

- Ashforth, B. E. & Mael, F., 1989, "Social identity and the organization." *Academy of Management Review* 14: 20-39.

- Ashforth, B. E. & Saks, A. M., 1996, "Socialization tactics: Longitudinal effects on new-comer adjustment." *Academy of Management Journal* 39: 149-178.

- Ashkanasy, N. M., Wilderom, C. P. M., & Peterson, M. F., 2000, "Thousand Oaks." In *The Handbook of organizational culture and climate*. CA: Sage Publication.

- Ashkanasy, N. M., Windsor, C. A., & Treviño, L. K., 2006, "Bad apples in bad barrels revisited: Cognitive moral development, just world beliefs, rewards, and ethical decision-making." *Business Ethics Quarterly* 16(4): 449-473.

- Avolio, B. J., Gardner, W. L., Walumbwa, F. O., Luthans, F., & May, D. R., 2004a, "Unlocking the mask: A look at the process by which authentic leaders impact follower attitudes and behaviors." *The Leadership Quarterly* 15: 801-823.

- Avolio, B. J. & Gardner, W. L., 2005, "Authentic leadership development: Getting to the root of positive forms of leadership." *The Leadership Quarterly* 16: 315-338.

- Avolio, B. J., Zhu, W., Koh, W., & Bhatia, P., 2004b, "Transformational leadership and organizational commitment: Mediating role of psychological empowerment and moderating role of structural distance." *Journal of Organizational Behavior* 25: 951-68.

- Baker, S. D., 2007, "Followership: The theoretical foundation of a contemporary construct." *Journal of Leadership & Organizational Studies* 14: 50-60.

- Bandura, A., 1999, "Moral disengagement in the perpetuation of inhumanities." *Personality and Social Psychology Review* 3: 193-209.

- Bandura, A., 2002, "Selective moral disengagement in the exercise of moral agency." *Journal of Moral Education* 31: 101-119.

- Bandura, A., Caprara, G. V., & Zsolnai, L., 2000, "Corporate transgressions through moral disengagement." *Journal of Human Values* 6: 57-64.

- Bartkus, V. O. & Davis, J. H., 2009, *Social capital: Reaching out, reaching in.* Cheltenham, UK.: Edward Elgar.

- Barsade, S. G. & Gibson, D. E., 2007, "Why does affect matter in organizations?" *The Academy of Management Perspectives* 21(1): 36-59.

- Baserman, M. H., 1984, "The relevance of Kahneman and Tversky's concept of framing to organizational behavior." *Journal of Management* 10: 333-343.

- Baserman, M. H., 1996, "Ethical leadership and the psychology and decision making." *Sloan Management Review* 37(2): 9-22.

- Bass, B. M., 1998, "The ethics of transformational leadership." Pp. 169-192 in *Ethics, The heart of leadership*, edited by Ciulla, J. B.. Westport, CT: Praeger Publishers.

- Bass, B. M. & Steidlmeier, P., 1999, "Ethics, character, and authentic transformational leadership behavior." *The Leadership Quarterly* 10: 181-217.

- Bass, B. M. & Bass, R., 2008, *The Bass handbook of leadership: Theory, research, and managerial applications.* New York: Free Press.

- Becker, H. S., 1960, "Notes on the concept of commitment." *American Journal of Sociology* 66: 32-40.

- Barsky, A. & Kaplan, S. A., 2007, "If you feel bad, it's unfair: A quantitative synthesis of affect and organizational justice perceptions." *Journal of Applied Psychology* 92: 286-295.

- Barsky, A., Kaplan, S. A., & Beal, D. J., 2011, "Just feelings? The role of affect in the formation of organizational fairness judgments." *Journal of Management* 37: 248-279.

- Becker, G. S., 1993, *Human capital: A theoretical and empirical analysis with special reference to education.* Third edition. Chicago: University of Chicago Press.

- Benkhoff, B., 1997, "Ignoring commitment is costly: New approaches establish the missing link between commitment and performance." *Human Relations* 50: 701-726.

- Bersoff, D. M., 1999, "Why good people sometimes do bad things: Motivated reasoning and un-ethical behavior." *Personality and Social Psychology Bulletin* 25: 28-39.

- Bian, Y., 1994, "Guanxi and the allocation of urban jobs in China." *China Quarterly* 140: 971-999.

- Bies, R. J., 2001, "Interactional (In)justice: The sacred and the profane." Pp. 85-108 in *Advances in Organizational Justice*, edited by Greenberg, J. & Cropanzano, R.. Stanford, CA: Stanford University Press.

- Bing, S., 2007, *Rome, Inc.: The rise and fall of the first multinational corporation.* New York: W. W. Norton & Company.

- Blader, S. L. & Tyler, T. R., 2003a, "What constitutes fairness in work settings?" *Human Resource Management Review* 12: 107-126.

- Blader, S. L. & Tyler, T. R., 2003b, "A four component model of procedural justice." *Personality and Social Psychology Bulletin* 29: 747-758.

- Bolino, M. C., Turnley, W. H., & Bloodgood, J. M., 2002, "Citizen behavior and the creation of social capital in organizations." *Academy of Management Review* 27(4): 505-522.

- Bono, J. E. & Judge, T. A., 2003, "Self-Concordance at work: Toward understanding the motivational effects of transformational leaders." *Academy of Management Journal* 46: 554-71.

- Boulding, K., 1968, *The organizational revolution: A study of the ethics of economic organization.* Chicago: Quadrangle Books.

- Brass, D. J., 1992, "Power in organizations: A social network perspective." *Research in Politics and Society* 4: 295-323.

- Brass, D. J., Butterfield, K. D., & Skaggs, B. C., 1998, "Relationships and unethical behavior: A social network perspective." *Academy of Management Review* 23: 14-31.

- Brief, A. P., Buttram, R. T., & Dukerich, J. M., 2001, "Collective corruption in the corporate world: Toward a process model." Pp. 471-499 in *Groups at work: Theory and research*, edited by Turner, M. E.. Mahwah, NJ: Erlbaum.

- Brockner, J., 1992, "The escalating of commitment to a failing course of action: Toward theoretical progress." *Academy of Management Review* 17: 39-61.

- Brockner, J. & Rubin, J. Z., 1985, *Entrapment in escalating conflicts*. New York: Spriner-Verlag.

- Brown, M. E. & Mitchell, M. S., 2010, "Ethical and unethical leadership: exploring new avenues for future research." *Business Ethics Quarterly* 20: 583-616.

- Brown, M. E., Treviño, L. K., & Harrison, D. A., 2005, "Ethical leadership: A social learning perspective for construct development and testing." *Organizational Behavior and Human Decision Processes* 97: 117-34.

- Brown, M. E. & Treviño, L. K., 2006, "Ethical leadership: A review and future directions." *The Leadership Quarterly* 17: 595-616.

- Burke, R. J., 2006, "Why leaders fail: Exploring the dark side." *International Journal of Manpower* 27: 91-100.

- Burns, J. M., 1978, *Leadership*. New York: Harper & Row.

- Burt, R. S., 1992, *Structural holes: The social structure of competition*. Cambridge, MA: Harvard University Press.

- Burton-Jones, A. & Spender, J. C., 2011, *The Oxford handbook of human capital*. Oxford: Oxford University Press.

- Business & Human-rights. Mitsubishi lawsuit (re sexual harassment in USA), http://business-humanrights.org/en/mitsubishi-lawsuit-re-sexual-harassment-in-usa-0.

- Carroll, A. B., 1978, "Linking business ethics to behavior in organizations." *Advanced Management Journal* 43(3): 4-11.

- Carroll, G. R., 1988, *Ecological models of organizations*. Cambridge, MA.: Ballinger.

- Cartwright, S. & Cooper, C. L., 2009, *The Oxford handbook of organizational well-being*. Oxford: Oxford University Press.

- Chatman, J. A. & Cha, S. E., 2003, "Leading by leveraging culture." *California Management Review* 45(4): 20-34.

- Chatman, J. A. & Jehn, K. A., 1994, "Assessing the relationship between industry characteristics and organizational culture: How different can you be?" *Academy of Management Journal* 37: 522-553.

- Chemers, M., 2002, *An integrative theory of leadership*. Mahwah, N. J.: Psychology Press.

- Chen, C. C. & Lee, Y. T., 2008, *Leadership and management in China: Philosophies, theories, and practices*. Cambridge: Cambridge University Press.

- Chen, C. C., Chen, X. P., & Huang, S., 2013, "Chinese Guanxi: An integrative review and future research directions." *Management and Organization Review* 9: 167-207.

- Cheng, B. S. & Hwang, M. P., 2005, "Leadership in Chinese business organization." Pp. 749-787 in *Chinese Indigenous Psychology*, Vol. 2, edited by Yang, K. S., Hwang, K., K., & Yang, C. F.. Taipei: Yuan Liu.

- Cheng, B. S., Chou, L. F., Wu, T. Y., Huang, M. P., & Farh, J. L., 2004, "Paternalistic leadership and subordinates responses: Establishing a leadership model in Chinese organizations." *Asian Journal of Social Psychology* 7: 89-117.

- Cherrington, J. O. & Cherrington, D. J., 1992, "A menu of moral issues: One week in the life of the Wall Street Journal." *Journal of Business Ethics* 11: 255-265.

- Cialdini, R. B., 1996, "Social influence and the triple tumor structure of organizational dishonesty." Pp. 44-58 in *Codes of conduct Behavioral research into business ethics*, edited by Messick, D. M. & Tenbrunsel, A. E.. New York: Russell Sage.

- Cialdini, R. B., 2006, *Influence: The psychology of persuasion*. New York: HarperBusiness.

- Cialdini, R. B., Petrova, P. K., & Goldstein, N. J., 2004, "The hidden costs of organizational dishonesty." *MIT Sloan Management Review* 45: 67-73.

- Ciulla, J. B., 1998, *Ethics, The heart of leadership*. Westport, CT: Praeger.

- Ciulla, J. B., 2007, "What is good leadership?" Pp. 533-538 in *Honest work-A business ethics reader*, edited by Ciulla, J. B., Martin, C., & Solomon, R. C.. New York: Oxford University Press.

- Clark, M., 1983, *Corruption: causes, consequences and control*. New York: St. Martins.

- Clegg, S. R., 1990, *Modern organizations: Organization studies in the postmodern world*. London: Sage.

- CNN, 2005, "Two wasted days at work." In *CNN*, http://money.cnn.com/2005/03/16/technology/survey/index.htm (March, 16).

- Coase, R. H., 1937, "The nature of the firm." *Economica* 4: 386-405.

- Cohen, D. & Prusak, L., 2001, *In good company: How social capital makes organizations work*. Boston, Mass.: Harvard Business School Press.

- Cohen-Charash, Y. & Spector, P. E., 2001, "The role of justice in organizations: A meta-analysis." *Organizational Behavior and Human Decision Processes* 86: 278-321.

- Coleman, J., 1988, "Social capital in the creation of human capital." *American Journal of Sociology* 94: S95-S120.

- Coleman, J., 1995, *Foundations of Social Theory*. Cambridge, M.A.: Harvard University Press.

- Colbert, A. E., Kristof-Brown, A. L., Bradley, B. H., & Barrick, M. R., 2008, "CEO transformational leadership: The role of goal importance congruence in top management team." *Academy of Management Journal* 51: 81-96.

- Colquitt, J. A., 2001, "On the dimensionality of organizational justice: A construct validation of a measure." *Journal of Applied Psychology* 86: 386-400.

- Colquitt, J. A., Conlon, D. E., Wesson, M. J., Porter, C. O. L. H., & Ng, K. Y., 2001, "Justice at the millennium: A meta-analytic review of 25 years of organizational justice research." *Journal of Applied Psychology* 86: 425-45.

- Colquitt, J. A. & Greenberg, J., 2003, "Organizational justice: A fair assessment of the state of the literature." Pp. 165-210 in *Organizational behavior: The state of the science*, 2nd ed, edited by Greenberg, J.. Mahwah, N. J.: Erlbaum Associates.

- Colquitt, J. A. & Greenberg, J., 2005, *Handbook of organizational justice*. Mahwah, N. J.: Erlbaum Associates.

- Coloquitt, J. A., Lepine, J. A., & Wesson, M. J., 2009, *Organizational behavior-improving performance and commitment in the workplace*. New York: McGraw-Hill Irwin.

- Collins, J. C. & Porras, J. I., 1994, *Built to last: Successful habits of visionary companies*. New York: HarperBusiness.

- Conger, J. A., 1999, "Charismatic and transformational leadership in organizations: An insider's perspective on these development streams of research." *The Leadership Quarterly* 10: 145-79.

- Conway, N. & Briner, R. B., 2002, "A daily diary study of affective responses to psychological contract breach and exceeded promises." *Journal of Organizational Behavior* 23: 287-302.

- Conway, N. & Briner, R. B., 2005, *Understanding psychological contracts at work: A critical evaluation of theory and research*. Oxford, UK: Oxford University Press.

- Conway, N. & Briner, R. B., 2009, "Fifty years of psychological contract research: What do we know and what are the main challenges?" Pp. 71-130 in *International Review of Industrial and Organizational Psychology,* Vol., 24, edited by Hodgkinson, G. P. & Ford, J. K.. Oxford, UK: Wiley-Blackwell.

- Cooper, C. L., 1998, *Theories of organizational stress*. Oxford: Oxford University Press.

- Cooper, C. L. & Quick, J., 1999, *Stress and strain*. Oxford: Health Press.

- Cooper, C. L. & Dewe, P., 2004, *Stress: A brief history*. Oxford: Blackwell.

- Craig, S. B. & Gustafson, S. B., 1998, "Perceived leader integrity scale: An instrument for assessing employee perceptions of leader integrity." *The Leadership Quarterly* 9: 127-145.

- Cropanzano, R., Goldman, B., & Folger, R., 2003, "Deontic Justice: The role of moral principles in workplace fairness." *Journal of Organizational Behavior* 24: 1019-1024.

- Crosier, B. S., Webster, G. D., & Dillon, H. M., 2012, "Wired to connect: Evolutionary psychology and social networks." *Review of General Psychology* 16: 230-239.

- Crossman, B. & Crossman. J., 2011, "Conceptualizing followership: A review of the literature." *Leadership* 7: 481-497.

- Cullen, J. B., Parboteeah, K. P., & Victor, B., 2003, "The effect of ethical climates on organizational commitment: A two-study analysis." *Journal of Business Ethics* 46: 127-141.

- Cummings, L.L. & Bromiley, P., 1996, "The organizational trust inventory (OTI): Development and validation." Pp. 302-330 in *Trust in organizations: Frontiers of theory and research*, edited by Kramer, R. M. & Tyler, T. R.. Thousand Oaks, CA: Sage.

- Curry, J. P., Wakefield, D. S., Price, J. L., & Mueller, C. W., 1986, "On the causal ordering of job satisfaction and organizational commitment." *Academy of Management Journal* 29: 847-858.

- Daft, R. L., 2007, *Organization Theory and Design*. Mason, OH: Thomson South-Western.

- Darley, J. M., 1996, "How organization socialize individuals into evildoing." Pp. 13-43 in *Codes of conduct: Behavioral research into business ethics*, edited by Messick, D. M. & Tenbrunsel, A. E.. New York: Russell Sage.

- Darley, J. M., 1992, "Social organization for the production of evil." *Psychology Inquiry* 3: 199-218.

- Davis, S. M., 1984, *Managing corporate culture*. Cambridge, Mass.: Ballinger.

- De Hoogh, A. H. B. & Den Hartog, D. N., 2008, "Ethical and despotic leadership, relationships with leader's social responsibility, top management team effectiveness and subordinates' optimism: A multi-method study." *The Leadership Quarterly* 19: 297-311.

- DeCelles, K. A., DeRue, D. S., Margolis, J. D., & Ceranic, T. L., 2012, "Does power corrupt or enable? When and why power facilitates self-interested behavior." *Journal of Applied Psychology* 97: 681-689.

- Den Hartog, D. N., 2015, "Ethical leadership." *Annual Review of Organizational Behavior* 2: 409-434.

- Dennison, D., 1990, *Corporate culture and organization effectiveness*. New York: John Wiley.

- Detert, J. R., Treviño, L. K., & Sweitzer, V. L., 2008, "Moral disengagement in ethical decision making." *Journal of Applied Psychology* 93: 374-391.

- Dickson, M. W., Den Hartog, D. N., & Castaño, N., 2011, "Understanding leadership across cultures." Pp. 219-244 in *Cambridge handbook of culture, organization, and work*, edited by Bhagat R. & Steers, R.. Cambridge: Cambridge University Press.

- Dickson, M. W., Castaño, N., Magomaeva, A., & Den Hartog, D. N., 2012, "Conceptualizing leadership across cultures." *Journal of World Business* 47: 483-492.

- Dinh, J. E., Lord, R. G., Gardner, W. L., Meuser, J. D., Liden, R. C., & Hu, J., 2014, "Leadership theory and research in the new millennium: Current theoretical trends and changing perspectives." *The Leadership Quarterly* 25: 36-62.

- Dirks, K. T. & Ferri, D. L., 2002, "Trust in leadership: Meta-analytic findings and implications for research and practice." *Journal of Applied Psychology* 87: 611-628.

- Duncan, W. J., 1989, "Organizational culture: 'Getting a fix'on an elusive concept." *Academy of Management Executive* 3: 229-236.

- Dunfee, T. W. & Warren, D. E., 2001, "Is Guanxi ethical? A normative analysis of doing business in China." *Journal of Business Ethics* 32: 191-204.

- Dorfman, P. W., Howelll, J. P., Hibino, S., Lee, J K., Tate, U., & Bautista, A., 1997, "Leadership in Western and Asian countries: Commonalities and differences in effective leadership processes across cultures." *The Leadership Quarterly* 8: 233-267.

- Earley, P. C. & Lind, E. A., 1987, "Procedural justice and participation in task selection: The role of control in mediating justice judgments." *Journal of Personality and Social Psychology* 52: 1148-1160.

- EEOC, 2001, "EEOC responds to final report of Mitsubishi consent decree monitors." In *EEOC*, http://www.eeoc.gov/eeoc/newsroom/release/5-23-01.cfm (May 23).

- Eisenbeiss, S. A., 2012, "Re-thinking ethical leadership: An interdisciplinary integrative approach." *The Leadership Quarterly*, doi:10.1016/j.leaqua.2012.03.001.

- Elovainio, M., Kivimaki, M., & Vahtera, J., 2002, "Organizational justice: Evidence of a new psychosocial predictor of health." *American Journal of Public Health* 92: 105-8.

- Farh, J. L. & Cheng, B. S., 2000, "A cultural analysis of paternalistic leadership in Chinese organizations." Pp. 84-127 in *Management and organizations in the Chinese context*, edited by Li, J .T., Tsui, A. S., & Weldon, E.. London: Macmillan.

- Felps, W., Mitchell, T. R., & Byington, E., 2006, "How, when, and why bad apples spoils the barrel: Negative group members and dysfunctional groups." *Research in Organization Behavior* 27: 175-222.

- Feser, C., Mayol, F., & Srinivasan, R., 2015, "Decoding leadership: What really matters." In *McKinsey Quarterly*, http://www.mckinsey.com/insights/leading_in_the_21st_century/decoding_leadership_what_really_matters (January).

- Fields, D. L., 2002, *Taking the measure of work: A guide to validated scales for organizational research and diagnosis.* Thousand Oaks, California: Sage Publications.

- Finegan, J. E., 2000, "The impact of person and organizational values on organizational commitment." *Journal of Occupational and Organizational Psychology* 73: 149-169.

- Fiske, A. P., 1991, *Structures of social life: The four elementary forms of human relations.* New York: Free Press.

- Fiske, S. T., Harris, L. T., & Cuddy, A. J. C., 2004, "Why ordinary people torture enemy prisoners." *Science* 306: 1482-1483.

- Fisman, R. & Sullivan, T., 2013, *The Org: The underlying logic of the office*. New York: Hachette Book Group.

- Fleming, P. J. & Zyglidopoulos, S. C., 2008, "The escalation of deception in organizations." *Journal of Business Ethics* 81: 837-850.

- Ford, R. C. & Richardson, W. D., 1994, "Ethical decision making: A review of the empirical literature." *Journal of Business Ethics* 13: 205-221.

- Frank, R. H., 1988, *Passions within reason: The strategic role of the emotions*. New York: Norton.

- Fredrickson, B. L. & Brannigan, C., 2001, "Positive emotion." Pp. 123-152 in *Emotions: Current issues and future directions*, edited by Bonnano, G. & Mayne, T.. New York: Guilford Press.

- Friedman, T. L., 2014, "How to get a job at Google." In *New York Times*, http://cn.nytimes.com/opinion/20140225/c25friedman/en-us/ (Febuary 25).

- Frijda, N. H., 1993, "Moods, emotion episodes, and emotions." Pp. 381-403 in *Handbook of emotions*, edited by Lewis, M. & Haviland, J. M.. New York: Guilford Press.

- Fritzsche, D. J., 2000, "Ethical climate and the ethical dimension of decision making." *Journal of Business Ethics* 24: 125-140.

- Gardner, W. L., Avolio, B. J., Luthans, F., May, D. R., & Walumbwa, F. O., 2005, "Can you see the real me? A self-based model of authentic leader and follower development." *The Leadership Quarterly* 16: 343-372.

- Giacalone, R. A. & Promislo, M. D., 2013, *Handbook of unethical behavior: Implications for individual well-being*. New York: M. E. Sharpe.

- Gibson, J. L., Ivancevich, J. M., Donnelly, Jr. J. H., & Konopaske, R., 2003, *Organizations: Behavior, structure, processes*, 11th ed. New York: McGraw-Hill.

- Gilbreath, B. & Benson, P. G., 2004, "The contribution of supervisor behavior to employee psychological well-being." *Work and Stress* 18: 255-66.

- Gino, F., Ayal, S., & Ariely, D., 2009a, "Contagion and differentiation in unethical behavior: The effect of one bad apple on the barrel." *Psychological Science* 20: 393-398.

- Gino, F., Gu, J., & Zhong, C. B., 2009b, "Contagion or restitution? When bad apples can motivate ethical behavior." *Journal of Experimental Social Psychology* 45: 1299-1302.

- Goffee, R. & Jones, G., 1998, *The character of a corporation-how your company's culture can make or break your business*. New York: HarperBusiness.

- Graham, J. W., 1991, "Servant-leadership in organizations: Inspirational and moral." *The Leadership Quarterly* 2: 105-119.

- Graham, L., 1995, *On the line at Sabaru-Isuzu: The Japanese model and American worker.* Ithaca, N.Y.: Cornell University Press.

- Granovetter, M., 1982, "The strength of weak ties: A network theory revisited." Pp. 105-130 in *Social structure and network analysis,* edited by Marsden, V. & Lin, N.. Beverly Hills, CA: Sage.

- Grant, A., 2013, *Give and take: A revolutionary approach to success.* New York: Viking.

- Greenberg, J., 1993, "The social side of fairness: interpersonal and informational classes of organizational justice." Pp.79-103 in *Justice in the workplace: Approaching fairness in human resource management,* edited by Cropanzano, R.. Hillsdale, NJ: Erlbaum.

- Greenberg, J., 2006, "Losing sleep over organizational justice: Attenuating insomniac reactions to underpayment inequity with supervisory training in interactional justice." *Journal of Applied Psychology* 91: 58-69.

- Griffeth, R. W., Gaertner, S., & Sager, J. K., 1999, "Taxonomic model of withdrawal behaviors: The adaptive response model." *Human Resource Management Review* 9: 577-590.

- Hampden-Turner, C. & Trompenaars, A., 1993, *The seven cultures of capitalism: Values systems for creating wealth in the United States, Japan, Germany, France, Britain, Sweden, and the Netherlands.* New York: Currency Doubleday.

- Haidt, J., Koller, S., & Dias, M., 1993, "Affect, culture, and morality, or is it wrong to eat your dog?" *Journal of Personality and Social Psychology* 65: 613-628.

- Haidt, J., 2001, "The emotional dog and its rational tail: A social intuitionist approach to moral judgment." *Psychological Review* 108: 814-834.

- Handy, C., 1976, *Understanding Organizations.* London: Penguin

- Hannan, M. T. & Freeman, J. H., 1989, *Organizational ecology.* Cambridge, MA: Harvard University Press.

- He, H. & Brown, A. D., 2013, "Organizational identity and organizational identification: A review of the literature and suggestions for future research." *Group & Organization Management* 38: 3-35.

- Healy, M. & Iles, J., 2002, "The establishment and enforcement of codes." *Journal of Business Ethics* 39: 117-124.

- Hofstede, G., 1980, *Culture's consequences: International differences in work related values.* Beverly Hills, CA: Sage.

- Hofstede, G., 1991, *Cultures and organizations: Software of the mind.* London: McGraw-Hill Book.

- Hofstede, G., 1993, "Cultural constraints in management theories." *Academy of Management Executive* 7: 81-94.

- Hofstede, G. & Bond, M. H., 1988, "The Confucius connection: From cultural roots to economic growth." *Organizational Dynamics* 16: 5-21.

- Hofstede, G., Neuijen, B., Ohayv, D. D., & Sanders, G., 1990, "Measuring organizational cultures: A qualitative and quantitative study across twenty cases." *Administrative Science Quarterly* 35: 286-316.

- Hogan, R. & Hogan, J., 2001, "Assessing leadership: A view of the dark side." *International Journal of Evaluation and Assessment* 46: 1061-87.

- Hollinger, R. C. & Langton, L., 2005, "2004 National retail security survey: Final report." In *Gainsville, Fla.: University of Florida Department of Criminology, Law and Society*, www.crim.ufl.edu/research/srp/srp.htm.

- Hollweg, L., 2003, Inside the four walls of the restaurant: The reality and risk of counter-productive behaviors. http://www.batrushollweg.com/files/Website.Inside_the_Four_Walls_of_the_Restaurant1. Reprint_9.pdf (August 17, 2005).

- House, R. J., Hanges, P. J., Javidan, M., Dorfman, P. W., & Gupta, V., 2004, *Culture, leadership and organizations: The GLOBE study of 62 societies*. Thousand Oaks, CA: Sage.

- Hu, Q., Schaufeli, W. B., & Taris, T. W., 2013, "Does equity mediate the effects of job demands and job resources on work outcomes? An extension of the job demands-resources model." *Career Development International* 18: 357-376.

- Huang, X. & Bond, M. H., 2012, *Handbook of Chinese organizational behavior: integrating theory, research and practice*. Cheltenham: Edward Elgar.

- Hulin, C. L., Roznowski, M., & Hachiya, D., 1985, "Alternative opportunities and withdrawal decisions: Empirical and theoretical discrepancies and an integration." *Psychological Bulletin* 97: 233-50.

- Hulin, C. L., 1991, "Adaptation, Persistence, and Commitment in Organizations," Pp. 445-506 in *Handbook of Industrial and Organizational Psychology*, Vol. 2, edited by Dunnette, M. D. & Hough, L. M.. Palo Alto, CA: Consulting Psychologist Press.

- Hunter, E. M., Mitchell, J., Neubart, M. J., Perry, S.J., Witt, L. A., Penney, L. M., & Weinberger, E., 2013, "Servant leaders inspire servant followers: Antecedents and outcomes for employees and the organization." *The Leadership Quarterly* 24: 316-331.

- Ip, P. K., 2005, "Corporate governance's missing link-how ethical capital helps." Paper presented at International Conference on Corporate Governance, organized by Hong Kong Baptist University, Hong Kong, August, 25.

- Ip, P. K., 2009, "Developing a concept of workplace well-being for Greater China." *Social Indicator Research* 91: 59-77.

- Ip, P. K., 2011, "Practical wisdom of Confucian ethical leadership-a critical inquiry." *Journal of Management Development* 30: 685-696.

- Ip, P. K., 2013, "Wang Dao management as wise management." Pp. 122-133 in *Wise management in organizational complexity*, edited by Thompson, M. & Bevan, D.. Hampshire, UK: Palgrave Macmillan.

- Ip, P. K., 2014, "Ethical capital as strategic resource for Chinese inclusive business." Paper presented at The 4th Annual Conference of Japan Forum of Business and Society, Tokyo, Japan, September 18-19.

- Ip, P. K., 2015, "Leadership in Chinese philosophical traditions-a critical perspective." In *The cultural roots of sustainable enterprise: Practical wisdom and CSR*, edited by Habich, A. & Schmidpeter, R.. Springer. (in press)

- Isen, A. M. & Baron, R. A., 1991, "Positive affect as a factor in organizational behavior." *Research in Organizational Behavior* 13: 1-53.

- Jackall, R., 1983, "Moral mazes: Bureaucracy and managerial work." *Harvard Business Review* Sept-Oct.: 118-30.

- Janssen, O., 2000, "Job demands, perceptions of effort-reward fairness and innovative work behavior." *Journal of Occupational Organizational Psychology* 73: 287-302.

- Johnson, C. E., 2007, *Ethics in the workplace: Tools and tactics for organizational transformation.* New York: Palgrave MacMillan.

- Johnson, C. E., 2009, *Meeting the ethical challenges of leadership: Casting light or shadow*, 3rd Edition. London: Sage.

- Johnson, J. L. & Cullen, J. B., 2002, "Trust in cross-cultural relationships." Pp. 335-360 in *The Blackwell handbook of cross-cultural management*, edited by Gannon, M. & Newman, K.. Oxford: Blackwell Publishers.

- Johnson, S., Cooper, C. L., Cartwright, S., Donald, I., Taylor, P., & Millet, C., 2005, "The experience of work-related stress across occupations." *Journal of Managerial Psychology* 20: 178-87.

- Jones, D., 2000, "Group nepotism and human kinship." *Current Anthropology* 41: 779-809.

- Jones, T. M., 1991, "Ethical decision making by individuals in organizations: An issue-contingent model." *Academy of Management Review* 16: 366-395.

- Judge , T. A. & Piccolo, R. F., 2004, "Transformational and transactional leadership: A meta-analytic test of their relative validity." *Journal of Applied Psychology* 89: 755-768.

- Kahneman, D. & Tversky, A., 1979, "Prospect theory: An analysis of decisions under risk." *Econometrica* 47: 263-291.

- Kahneman, D. & Tversky, A., 1984, "Choices, values, and frames." *American Psychology* 39: 341-350.

- Kalshoven, K., Den Hartog, D. N., & De Hoogh, A. H. B., 2011, "Ethical leadership at work questionnaire (ELW): Development and validation of a multi-dimensional measure." *The Leadership Quarterly* 22: 51-69.

- Kanungo, R. N. & Mendonca, M., 1996, *Ethical dimensions of leadership.* Thousand Oaks, CA: Sage.

- Kark, R., Shamir, B., & Chen, G., 2003, "The two faces of transformational leadership: Empowerment and dependency." *Journal of Applied Psychology* 88(2): 246-255.

- Kelman H.C. & Hamilton, V. L., 1988, *Crimes of obedience: Toward a social psychology of authority and responsibility*. New Haven, CT.: Yale University Press.

- Kirkman, B. L., Lowe, K. B., & Gibson, C. B., 2006, "A quarter century of culture's consequences: a review of empirical research incorporating Hofstede's cultural values framework." *Journal of International Business Studies* 37: 285-320.

- Kish-Gephart, J. J., Detert, J. R., Trevino, L. K., & Edmondson, A. C., 2009, "Silence by fear: The nature, sources, and consequences of fear at work." *Research in Organizational Behavior* 29: 163-193.

- Kish-Gephart, J. J., Harrison, D. A., & Treviño, L. K., 2010, "Bad apples, bad cases, and bad barrels: Meta-analytic evidence about sources of unethical decisions at work." *Journal of Applied Psychology* 95: 1-31.

- Klein, H. L., Becker, T. E., & Meyer, J. P., 2009, *Commitment in organizations: Accumulated wisdom and new directions*. New York: Routledge.

- Klein, H. L., Molloy, J. C., & Cooper, J. T., 2009, "Conceptual foundations: Construct definitions and theoretical representations of workplace commitments." Pp. 3-36 in *Commitment in organizations: Accumulated wisdom and new directions*, edited by Klein, H. L., Becker, T. E., & Meyer, J. P.. New York: Routledge.

- Kohlberg, L., 1969, "State and sequence: The cognitive-development approach to socialization." Pp. 347-480 in *Handbook of socialization and research*, edited by Goslin, D.. Chicago: Rand McNally.

- Kohlberg, L., 1976, "Moral stages and moralization: The cognitive-development approach." Pp. 31-53 in *Moral development and behavior: Theory, research and social issues*, edited by Lickona, T.. New York: Holt, Rinehart & Winston.

- Koys, J. A., 2001, "The effects of employee satisfaction, organizational citizenship behavior, and turnover on organizational effectiveness: A unit-level, longitudinal study." *Personnel Psychology* 54: 101-114.

- Korsgaard, M. A., Schweiger, D. M., & Sapienza, H. J., 1995, "Building commitment, attachment, and trust in strategic decision-making team: The role of the procedural justice." *Academy of Management Journal* 38: 60-84.

- Korsgaard, M. A. & Roberson, L., 1995, "Procedural justice in performance evaluation: The role of instrumental and non-instrumental voice in performance appraisal discussions." *Journal of Management* 21: 657-69.

- Krackhardt, D. & Hanson, J., 1993, "Informal networks: The company behind the chart." *Harvard Business Review* 71: 104-111.

- Kramer, R. M. & Tyler, T. R., 1996, *Trust in organizations: Frontiers of theory and research.* Thousand Oaks, CA: Sage.

- Krantz, L., 2002, *Jobs Rated Almanac*, 6th ed. Fort Lee, NJ: Barricade Books.

- Laham, S. M., 2009, "Expanding the moral circle: Inclusion and exclusion mindsets and the circle of moral regard." *Journal of Experimental Social Psychology* 45: 250-253.

- Lawrence, T. B. & Robinson, S. L., 2007, "Ain't misbehavin: Workplace deviance as organizational resistance." *Journal of Management* 33: 378-394.

- Lazarus, R. S., 1991, *Emotion and adoption.* New York: Oxford University Press.

- Larzarus, R. S. & Folkman, S., 1984, *Stress, Appraisal and Coping.* New York: Springer.

- Leventhal, G. S., 1976, "The distribution of rewards and resources in groups and organizations." Pp. 91-131 in *Advances in experimental social psychology*, Vol. 9, edited by Berkowitz & Walster, W.. New York: Academic Press.

- Levering, R. & Moskowitz, M., 1986, *In good company: Creating a great place to work.* Addison-Wesley.

- Levering, R. & Moskowitz, M., 2007, "In good company." Pp. 94-114 in *Fortune*.

- Liden, R. C., Panaccio, A., Meuser, J. D., Hu, J., & Wayne, S. J., 2014, "Servant leadership: Antecedents, processes, and outcomes." Pp. 357-379 in *The Oxford handbook of leadership and organizations*, edited by Day, D. V.. Oxford, England: Oxford University Press.

- Liden, R. C., Wayne, S. J., Zhao, H., & Henderson, D., 2008, "Servant leadership: Development of a multidimensional measure and multi-level assessment." *The Leadership Quarterly* 19: 161-177.

- Liden, R. C., Wayne, S. J., Liao C. W., & Meuser, J. D., 2014, "Servant leadership and serving culture: Influence on individual and unit performance." *Academy of Management Journal* 57: 1434-1452.

- Lim, V. K. G., 2002, "The IT way of loafing on the job: Cyberloafing, neutralizing, and organizational justice." *Journal of Organizational Behavior* 23: 675-94.

- Lind, E. A., Kanfer, R., & Earley, P. C., 1990, "Voice, control, and procedural justice: Instrumental and noninstrumental concerns in fairness judgments." *Journal of Personality and Social Psychology* 59: 952-59.

- Locke, E. A. & Latham, G. P., 2004, "What should we do about motivation theory? Six recommendations for the twenty-first century." *Academy of Management Review* 29: 388-403.

- Loewenstein, G., 1996, "Behavioral decision theory and business ethics: skewed trade-offs between self and other." Pp. 214-227 in *Codes of conduct: Behavioral ethics in business ethics*, edited by Messick, D. M. & Tenbrunsel, A. E.. New York: Russell Sage.

- Lowe, K. B., Kroeck, K. G., & Sivasubramaniam, N., 1996, "Effectiveness correlates of transformational and transactional leadership: A meta-analytic review of MLQ Literature." *The Leadership Quarterly* 7: 385-425.

- Luban, D., Strudler, A., & Wasserman, D., 1992, "Moral responsibility in the age of bureaucracy." *Michigan Law Review* 90, Aug: 2348-2392.

- Lum, L., Kervin, J., Clark, K., Reid, F., & Sirola, W., 1998, "Explaining nursing turnover intent: Job satisfaction, pay satisfaction, or organizational commitment?" *Journal of Organizational Behavior* 19: 305-320.

- Luthans, F., McCaul, H. S., & Dodd, N. C., 1985, "Organizational commitment: A comparison of American, Japanese, and Korean employees." *Academy of Management Journal* 28: 213-219.

- Luthans, F. & Avolio, B. J., 2003, "Authentic leadership: A positive development approach." Pp. 241-261 in *Positive organizational scholarship: Foundations of a new discipline*, edited by Cameron, K. S., Dutton, J. E., & Quinn, R. E.. San Francisco, Calif.: Berrett-Koehler.

- Mandel, M., 2005, "The real reasons you're working so hard, and what you can do about it." *Business Week* 3953, October 3.

- Martin, K. D. & Cullen, J. B., 2006, "Continuities and extensions of ethical climate theory: A meta-analytic review." *Journal of Business Ethics* 69: 175-194.

- Maslow, A. H., 1943, "A Theory of Human Motivation." *Psychological Review* 50: 370-396.

- Mathieu, J. & Zajac, D., 1990, "A review of meta-analysis of the antecedents, correlates and consequences of organizational commitment." *Psychological Bulletin* 108: 171-94.

- Mayer, D. M., Kuenzi, M., & Greenbaum, R. L., 2009a, "Making ethical climate mainstream management topic: A review, critique, and prescription for the empirical research on ethical climate." Pp. 181-213 in *Psycholgical perspectives on ethical behavior and decision making*. Information Age Publishing.

- Mayer, D. M., Kuenzi, M., Greenbaum, R. L., Bardes, M., & Salvador, R., 2009b, "How low does ethical leadership flow? Test of a trickle-down model." *Organizational Behavior and Human Decision Processes* 108: 1-13.

- Mayer, R. C., Davis, J. H., & Schoorman, F. D., 1995, "An integrative model of organizational trust." *Academy of Management Review* 20: 709-734.

- Schoorman, F. D., Mayer, R. C., & Davis, J. H., 2007, "An integrative model of organizational trust: Past, present and future." *Academy of Management Review* 32: 344-354.

- McCabe, D. L., Treviño, L. K., & Butterfield, K. D., 1996, "The influence of collegiate and corporate codes of conduct on ethics-related behavior in the workplace." *Business Ethics Quarterly* 6: 461-476.

- McFerran B., Aquino, K., & Duffy, M., 2010, "How personality and moral identity relate to individual's ethical ideology." *Business Ethics Quarterly* 20: 35-56.

- McGregor, D. M., 1960, *The Human Side of Enterprise*. New York: McGraw-Hill.

- McClelland, D. C. & Boyatzis, R. E., 1982, "Leadership motive pattern and long-term success in management." *Journal of Applied Psychology* 67(6): 737-743.

- McMahon, J. M. & Harvey, R. J., 2007, "The effect of moral intensity on ethical judgment." *Journal of Business Ethics* 72: 335-357.

- Melé, D., 2001, "Loyalty in business: Subversive doctrine or real need?" *Business Ethics Quarterly* 11: 11-26.

- Melé, D., 2003, "Organizational humanizing cultures: Do they generate social capital?" *Journal of Business Ethics* 45: 3-14.

- Messick, D. M. & Tenbrunsel, A. E., 1996, *Codes of conduct: Behavioral research into business ethics*. New York: Russell Sage.

- Meyer, J. P., 2009, "Commitment in a changing world of work." Pp. 37-68 in *Commitment in organizations: Accumulated wisdom and new directions*, edited by Klein, H. L., Becker, T. E., & Meyer, J.P.. New York: Routledge.

- Meyer, J. P. & Allen, N. J., 1991, "A three-component conceptualization of organizational commitment." *Human Resource Management Review* 1: 61-89.

- Meyer, J. P. & Allen N., 1997, *Commitment in the workplace: Theory, research, and application*. New York: Sage Publications.

- Meyer, J. P., Stanley, D. J., Herscovitch, L., & Topolnytsky, L., 2002, "Affective, continuance, and normative commitment to the organization: A meta-analysis of antecedents, correlates, and consequences." *Journal of Vocational Behavior* 61: 20-52.

- Meyer, J. P. & Herscovitch, L., 2001, "Commitment in the workplace: Towards a general model." *Human Resource Management* 11: 299-326.

- Meyer, M. W. & Zucker, L. G., 1989, *Permanently failed organizations*. Newbury Park, Cal.: Sage.

- Michie, S. & Gooty, J., 2005, "Values, emotions, and authentic leadership behaviors: will the real leader please stand up?" *The Leadership Quarterly* 16: 441-457.

- Milgram, S., 1974, *Obedience to Authority*. New York: HarperCollins.

- Miller, D. T., 1999, "The norm of self-interest." *American Psychologist* 54: 1053-1060.

- Mintzberg, H., 1979, *The structure of organization*. Upper Saddle River, N.J.: Pearson Education, Inc.

- Mintzberg, H., 1989, *Mintzberg on management: Inside our strange world of organizations*. New York: Free Press.

- Moore, C., 2008, "Moral disengagement in process of organizational corruption." *Journal of Business Ethics* 80: 129-139.

- Moore, C., Detert, J. R., Treviño, L. K., Baker, V. L., & Mayer, D. M., 2012, "Why employees do bad things: moral disengagement and unethical organizational behavior." *Personnel Psychology* 65: 1-48.

- Morris, S. A. & McDonald, R. A., 1995, "The role of moral intensity in moral judgments: An empirical investigation." *Journal of Business Ethics* 14: 715-726.

- Morrison, E. W. & Milliken, F. J., 2000, "Organizational silence: A barrier to change and development in a pluralistic world." *Academy of Management Review* 25(4): 706-725.

- Mowday, R. T., Steers, R. M., & Porter, L. W., 1979, "The measurement of organizational commitment." *Journal of Vocational Behavior* 14: 224-47.

- Mowday, R. T., Porter, L. W., & Steers, R. M., 1982, *Employee-organization linkages: The psychology of commitment, absenteeism, and turnover.* New Work: Academic Press.

- Niehoff, B. P. & Moorman, R. H., 1993, "Justice as a mediator of the relationship between methods of monitoring and organization citizenship behavior." *Academy of Management Journal* 36(3): 527-556.

- Napapier, J. & Ghosal, S., 1998, "Social capital, intellectual capital and the organization advantage." *Academy of Management Review* 23: 242-266.

- National Commission on Terrorist Attacks Upon the United States, 2004, *The 9/11 Commission Report.* New York: W.W. Norton & Company.

- Neider, L. L. & Schriesheim, C. A., 2011., "The authentic leadership inventory (ALI): Development and empirical tests." *The Leadership Quarterly* 22(6): 1146.

- Nelson, D. L. & Cooper, C. L., 2007, *Positive organizational behavior.* London: Sage.

- Nelson, D. L. & Quick, J. C., 2003, *Organizational behavior-Science, the real world, and you.* Canada: South-Western Cengage Learning.

- Nelson, D. L. & Quick, J. C., 2009, *Organizational behavior-Science, the real world, and you.* Canada: South-Western Cengage Learning.

- Neilsen, R. P., 1989, "Changing unethical organizational behavior." *Academy of Management Executive* 3(2): 123-30.

- Niehoff, B. P. & Moorman, R. H., 1993, "Justice as mediator of the relationship between methods of monitoring and organizational citizenship behavior." *Academy of Management Journal* 36(3): 527-556.

- Niu, C. P., Wang, A. C., & Cheng, B. S., 2009, "Effectiveness of a moral and benevolent leader: Probing the interactions of the dimensions of paternalistic leadership." *Asian Journal of Social Psychology* 12: 32-39.

- O'Fallon, M. J. & Butterfield, K. D., 2005, "A Review of the empirical ethical decision-making literature: 1996-2003." *Journal of Business Ethics* 59: 375-413.

- O'Reilly, C. A. & Chatman, J. A., 1996, "Culture as social control: Corporations, cults, and commitment." Pp. 157-200 in *Research in organization behavior*, Vol. 18, edited by Staw, B. M. & Cummings, L. L.. Greenwich, Conn.: JAI Press.

- O'Reilly, C. A., Chatman, J. A., & Caldwell, D. F., 1991, "People and organizational culture: A profile comparison approach to assessing person-organization fit." *Academy of Management Journal* 34: 487-516.

- Oz, E., 2001, "Organizational commitment and ethical behavior: An empirical study of information system professionals." *Journal of Business Ethics* 34: 137-142.

- Paine, L., 1994, "Managing for organizational integrity." *Harvard Business Review* March-April: 106-117.

- Palanski, M. E. & Yammarino, F. J., 2009, "Integrity and leadership: A multi-level framework." *The Leadership Quarterly* 20: 405-420.

- Palmer, D. & Maher, M. W., 2006, "Developing the process model of collective corruption." *Journal of Management Inquiry* 15: 363-370.

- Parboteeah, K. P., Chen, H. C., Lin, Y. T., Chen, I-Heng, Lee, A. Y. P., & Chung, A., 2010, "Establishing organizational ethical climates: How do managerial practices work?" *Journal of Business Ethics* 2010: 599-611.

- Pascale, R., 1985, "The paradox of 'corporate culture": Reconciling ourselves to socialization." *California Management Review* 27: 26-41.

- PBS, 1996, "Isolated Incidents?" In *Online Newshour*, http://www.pbs.org/newshour/bb/business/april96/mitsubishi_4-26.html (September 11, 2005).

- Perlow, L. A. & Williams, S., 2003, "Is Silence Killing your company?" In *Harvard Business Review, May Issue*, https://hbr.org/2003/05/is-silence-killing-your-company/ar/1.

- Peterson, S. J. & Luthans, F., 2006, "The impact of financial and nonfinancial incentives on business-unit outcomes over time." *Journal of Applied Psychology* 91: 156-65.

- Peterson, S. J., Walumbwa, F. O., Avolio, B. J., & Hannah, S. T., 2012, "The relationship between authentic leadership and follower job performance: The mediating role of follower positivity in extreme contexts." *The Leadership Quarterly* 23(3): 502-516.

- Pettigrew, A. M., 1979, "On studying organizational cultures." *Administrative Science Quarterly* 24: 570-581.

- Pfeffer, J., 1997, *New directions for organization theory: Problems and prospects.* Oxford: Oxford University Press.

- Pfeffer, J., 1998, *Human equation: Building profits by putting people first.* Boston, MA.: Harvard Business School Press.

- Pfeffer, J. & Veiga, J. F., 1999, "Putting people first for organizational success." *Academy of Management Executive* 13: 37-48.

- Piccolo, R. F., Greenbaum, R., & Den Hartog D. N., 2010, "The relationship between ethical leadership and core job characteristics." *Journal of Organizational Behavior* 31: 259-278.

- Pinder, C. C. & Harlos, K. P., 2001, "Employee silence: Quiescence and acquiescence as responses to perceived injustice." Pp. 331-369 in *Research in personnel and human resources management*. Vol. 20, edited by Rowland, K. M. & Ferri, G. R. New York: JAI Press.

- Podsakoff, P. M., MacKenzie, S. B., Moorman, R. H., & Fetter, R., 1990, "Transformational leader behaviors and their effects on followers' trust in leader, satisfaction, and organizational citizenship behaviors." *The Leadership Quarterly* 1: 107-42.

- Podsakoff, P. M., MacKenzie, S. B., & Bommer, W. H., 1996, "Transformational leader behaviors and substitutes for leadership as determinants of employee satisfaction, commitment, trust, and organizational citizenship behaviors." *Journal of Management* 22: 259–298.

- Podsakoff, P. M., Ahearne, M., & MacKenzie, S. B., 1997, "Organizational citizenship behavior and the quantity and quality of work group performance." *Journal of Psychology* 82: 262-70.

- Podsakoff, P. M., MacKenzie, S. B., Paine, J. B., & Bachrach, D. G., 2000, "Organizational citizenship behaviors: A critical review of the theoretical and empirical literature and suggestions for future research." *Journal of Management* 26: 513-563.

- Podsakoff, N. P., Whiting, S. W., Podsakoff, P. M., & Blume, B. D., 2009, "Individual-and organizational-level consequences of organizational citizenship behaviors: A Meta-analysis." *Journal of Applied Psychology* 94: 122-141.

- Randall, D. M., 1987, "Commitment and the organization: The organization man revisited." *Academy of Management Review* 12(3): 460-471.

- Redding, S. G., 1990, *The spirit of Chinese capitalism*. Berlin: Walter De Gruyter.

- Reed, A. & Aquino, K. F., 2003, "Moral identity and the expanding circle of moral regard toward out-groups." *Journal of Personality and Social Psychology* 84: 1270-1286.

- Reidenbach, R. E. & Robin, D. P., 1991, "A conceptual model of corporate moral development." *Journal of Business Ethics* 10: 273-84.

- Reilly, N. P., Sirgy, M. J., & Gorman C. A., 2012, *Work and quality of life: ethical practices in organizations*. Dordrecht: Springer Science Business Media B.V..

- Resick, C. J., Hanges, P. J., Dickson, M. W., & Mitchelson, J. K., 2006, "A cross-cultural examination of the endorsement of ethical leadership." *Journal of Business Ethics* 63, 345-359.

- Resick, C. J., Martin, G., Keating, M., Dickson, M. W., Kwan H. K., & Peng, C., 2011, "What ethical leadership means to me: Asian, American, and European perspectives." *Journal of Business Ethics* 101: 435-457.

- Rest, J. R., 1986, *Moral development: Advances in research and theory*. New York: Praeger.

- Rest, J. R., Narvaez, D., Bebeau, M. J., & Thomas, S. J., 1999, *Postconventional moral thinking: A neo-Kohlbergian approach*. Mahwah, NJ: Lawrence Erlbaum.

- Reynolds, S. J., 2006, "Moral awareness and ethical dispositions: Investigating the role of individual differences in the recognition of moral issues." *Journal of Applied Psychology* 91: 233-243.

- Reynolds, S. J., 2008, "Moral attentiveness: Who pays attention to the moral aspects of life?" *Journal of Applied Psychology* 93: 1027-1041.

- Rhode, D. L., 2006, *Moral Leadership: The theory and practice of power, judgment, and policy.* San Francisco: Jossey-Bass.

- Robertson, D. C. & Rymon, T., 2001, "Purchasing agents' deceptive behavior: A randomized response to technique study." *Business Ethics Quarterly* 11: 455-479.

- Robertson, D. C., 2002, "Business ethics across cultures." Pp. 361-392 in *The Blackwell Handbook of Cross-Cultural Management*, edited by Gannon, M. J. & Newman, K. L.. Malden, MA: Blackwell.

- Ross, J. & Staw, B. M., 1986, "Expo 86: An escalation prototype." *Administrative Science Quarterly* 31: 274-297.

- Rousseau, D. M., 1995, *Psychological contracts in organizations.* Thousand Oaks, CA.: Sage.

- Rousseau, D. M., 1997, "Organizational behavior in the new organizational era." *Annual Review of Psychology* 48: 515-546.

- Rossouw, G. J. & van Vuuren, L. J., 2003, "Modes of managing morality: A descriptive model of strategies for managing ethics." *Journal of Business Ethics* 46: 389-402.

- Rubin, R. S., Dierdorff, E. C., & Brown, M. E., 2010, "Do ethical leaders get ahead? Exploring ethical leadership and promotability." *Business Ethics Quarterly* 20: 215-236.

- Schermerhorn, Jr. J. R., Hunt, J. G., & Osborn, R. N., 2004, *Core concepts of organizational behavior.* Danvers, MA.: Wiley.

- Scott, W. R., 1992, *Organizations: Rational, natural and open systems*, 3rd Ed. Englewood Cliffs, N.J.: Prentice Hall.

- Shah M. E., Ordonez, L., & Douma, B., 2004, "Goal setting as a motivator of unethical behavior." *Academy of Management Journal* 47: 422-432.

- Schwartz, S. H., 1992, "Universals in the content and structure of values: Theoretical advances and empirical tests in 20 countries." *Advances in Experimental Social Psychology* 25: 1-65.

- Schwartz, S. H., 2012, "An overview of Schwartz theory of basic values." In *Online Readings in Psychology and Culture* 2(1), http://dx.doi.org/10.9707/2307-0919.1116.

- Schwepker, Jr., C. H., 2001, "Ethical climate's relationship to job satisfaction, organizational commitment, and turnover intention in the salesforce." *Journal of Business Research* 54: 39-52.

- Schwepker, Jr., C. H., 1999, "Understanding sale people's intention to behave unethically: The effect of perceived competitive intensity, cognitive moral development and moral judgment." *Journal of Business Ethics* 21: 303-316.

- Shah, J. Y., Friedman, R., & Kruglanski, A.W., 2002, "Forgetting all else: On the antecedents and consequences of goal shielding." *Journal of Personality and Social Psychology* 83: 1261-1280.

- Shao, R., Aquino, K., & Freeman D., 2008, "Beyond moral reasoning: A review of moral identity research and its implications for business ethics." *Business Ethics Quarterly* 18: 513-540.

- Shin, S. J. & Zhou, J., 2003, "Transformational leadership, conservation, and creativity: Evidence from Korea." *Academy of Management Journal* 46: 703-14.

- Siegrist, J., Starke, D., Chandola, T., Godin, I., Marmot, M., Niedhammer, I., & Peter, R., 2004, "The measurement of effort-reward imbalance at work: European comparisons." *Social Science & Medicine* 58: 1483-1499.

- Siegrist, J. & Rödel, A., 2006, "Work stress and health risk behavior." *Scandinavian Journal of Work, Environment and Health Psychology* 1: 27-41.

- Simon, H. A., 1947, *Administrative behavior*. New York: Macmillan.

- Simon, H. A., 1972, "Theories of bounded rationality." Pp. 161-176 in *Decision and organization*, edited by McGuire, C. B. & Radner, R.. Amsterdam: North-Holland Publishing Company.

- Simon, H. A., 1979, "Rational decision making in business organizations." *American Economic Review* 69: 493-513.

- Sims, R. R., 1991, "Institutionalization of organizational ethics." *Journal of Business Ethics* 10: 493-506.

- Sims, R. R., 2003, *Ethics and corporate social responsibility-Why giants fall*. Westport, Connecticut: Praeger.

- Sims, R. I. & Keon, T. L., 1997, "Ethical work climate development of person-organization fit." *Journal of Business Ethics* 16: 1095-1105.

- Sims, R. I. & Kroeck, G. K., 1994, "The influence of ethical fit on employee satisfaction, commitment and turnover." *Journal of Business Ethics* 13: 939-947.

- Sivanathan, N., Arnold, K.A., Turner, N., & Barling, J., 2004, "Leading well: Transformational leadership and well-being." Pp. 241-255 in *Positive psychology in practice*, edited by Linley, P. A. & Joseph, S.. NY.: Wiley.

- Smith, P. B. & Wang, Z. M., 1996, "Chinese leadership and organizational structures." Pp. 322-337 in *The handbook of Chinese psychology*, edited by Bond, M. H.. Hong Kong: Oxford University Press.

- Somers, M. J., 1995, "Organizational commitment, turnover, and absenteeism: An examination of direct and interaction effects." *Journal of Organizational Behavior* 16: 49-58。

- Somers, M. J., 2001, "Ethical code of conduct and organizational context: A study of the relationship between codes of conduct, employee behavior and organizational values." *Journal of Business Ethics* 30: 185-195.

- Staw, B. M., 1976, "Knee deep in the Big Muddy: A study of escalating commitment to a chosen course of action." *Organizational Behavior and Human Performance* 16: 27-44.

- Staw, B. M., 1981, "The escalating of commitment to a course of action." *Academy of Management Review* 6: 577-587.

- Stead, W. E., Worrell, D. L., & Stead, J. G., 1990, "An integrative model for understanding and managing ethical behavior in business organizations." *Journal of Business Ethics* 9: 233-242.

- Steers, R., 1977, "Antecedent and outcomes of organizational commitment." *Administrative Science Quarterly* 22: 46-56

- Steidlmeier, P., 1999, "Gift-giving, bribery, and corruption: Ethical management of business relationships in China." *Journal of Business Ethics* 20: 121-132.

- Su, C. & Littlefield, J. E., 2001, "Entering Guanxi: A business ethical dilemma in Mainland China?" *Journal of Business Ethics* 33(3): 199-210.

- Su, C., Sirgy, M. J., & Littlefield, J. E., 2003, "Is Guanxi orientation bad, ethically speaking? A study of Chinese enterprises." *Journal of Business Ethics* 44: 303-312.

- Sutton, S. & Griffin, M. A., 2004, "Integrating expectations, experiences, and psychological contract violations: A longitudinal study of new professionals." *Journal of Occupational and Organizational Psychology* 77: 493-514.

- Sutton, R. I., 2007, *The no asshole rule: Building a civilized workplace and surviving one that isn't.* New York: Warner Business Book.

- Swartz, M. & Watkins, S., 2004, *Power failure: The inside story of the collapse of Enron.* New York: Crown.

- Tabibnia, G., Satpute, A. B., & Lieberman, M. D., 2008, "The sunny side of fairness: Preference for fairness activates reward circuitry (and disregarding unfairness activates self-control circuitry)." *Psychological Science* 19: 339-347.

- Tangney, J. P., 1991, "Moral effect: The good, the bad and the ugly." *Journal of Personality and Social Psychology* 58: 345-372.

- Taris, T. W., Kalimo, R., & Schaufeli, W. B., 2002, "Inequity at work: Its measurement and association with worker health." *Work & Stress* 16: 287-301.

- Tenbrunsel, A. E. & Messick. D. M., 1999, "Sanctioning systems, decision frames, and cooperation." *Administrative Science Quarterly* 44: 684-707.

- Tenbrunsel, A. E., Smith-Crowe, K., & Umphress, E. E., 2003, "The role of ethical infrastructure in organizations." *Social Justice Research* 16: 285-307.

- Tenbrunsel, A. E. & Smith-Crowe, K., 2008, "Ethical decision making: Where we've been and where we're going." *Academy of Management Annuals* 2: 545-607.

- Tepper, B. J., 2000, "Consequences of abusive supervision." *Academy of Management Journal* 43: 178-190.

- Tepper, B. J., 2007, "Abusive supervision in work organizations: Review, synthesis, and research agenda." *Journal of Management* 33: 261-289.

- Tepper, B. J., Henle, C. A., Lambert, L. S., Giacalone, R. A., & Duffy, M. K., 2008, "Abusive supervision and subordinates' organizational deviance." *Journal of Applied Psychology* 93: 721-732.

- Tett, R. P. & Meyer, J. P., 1993, "Job satisfaction, organizational commitment, turnover intention and turnover: Path analyses based on meta-analytic findings." *Personnel Psychology* 46: 259-293.

- Toor, S. R. & Ofori, G., 2009, "Ethical leadership; examining the relationships with full range leadership model, employee outcomes, and organizational culture." *Journal of Business Ethics* 90: 533-547.

- Treviño, L. K., 1986, "Ethical decision making in organization: A person-situation interactionist model." *Academy of Management Review* 11(3): 601-17.

- Treviño, L. K. & Youngblood, S. A., 1990, "Bad apples in bad barrels: A causal analysis of ethical decision making behavior." *Journal of Applied Psychology* 75: 378-385.

- Treviño, L. K., Hartman, L. P., & Brown, M. E., 2000, "Moral person and moral manager: How executives develop a reputation for ethical leadership." *California Management Review* 42: 128-42.

- Treviño, L. K. & Brown, M. E., 2007, "Ethical leadership: A developing construct." Pp. 101-116 in *Positive Organizational Behavior*, edited by Nelson, D. L. & Cooper, C. L.. London: Sage.

- Treviño, L. K., Butterfield, K. D., & Mcabe, D. M., 1998, "The ethical context in organizations: Influences on employees attitudes and behaviors." *Business Ethics Quarterly* 8: 447-476.

- Treviño, L. K. & Nelson, K. A., 2007, *Managing business ethics: Straight talk about how to do it right*, 4th ed. New York: Wiley.

- Treviño, L. K., Weaver, G. R., & Reynolds, S. J., 2006, "Behavioral ethics in organizations: A review." *Journal of Management* 32: 951-990.

- Trice, H. M. & Beyer, J. M., 1993, *The cultures of work organizations*. Englewood Cliffs. New Jersey: Prentice Hall.

- Tsang, E., 1998, "Can Guanxi be a source of sustained competitive advantage for doing business in China?" *Academy of Management Executive* 12: 64-73.

- Tsui, A. S., Farh, J. L., & Xin, K. R., 2000, "Guanxi in the Chinese context." Pp. 225-244 in *Management and organizations in the Chinese context*, edited by Li, J. T., Tsui, A. S., & Weldon, E.. London: Macmillan.

- Turner, N. & Barling J., 2002, "Transformational leadership and moral reasoning." *Journal of Applied Psychology* 87: 304-311.

- Tyler, T. R., 1990, *Why people obey law*. New Haven, Conn.: Yale University Press.

- Tyler, T. R., 2005, "Promoting employee policy adherence and rule following in work settings: The value of self-regulatory approaches." *Brooklyn Law Review* 70: 1287-1312.

- Tyler, T. R., 2005, "Managing conflicts of Interest within organizations: Does activating social values change the impact of self-interest on behavior?" Pp. 13-35 in *Conflicts of Interest*, edited by Moore, D., Cain, D., Loewenstein, G., & Bazerman M.. Cambridge: Cambridge University Press.

- Tyler, T. R., 2006, "Self-sacrifice and self-interest: Do ethical values shape behavior in organization settings?" Pp. 213-226 in *Moral leadership, the theory and practice of power, judgment, and policy*, edited by Rhode, D. L.. San Francisco: Jossey-Bass.

- Tyler, T. R., Rasinski, K. A., & Spodick, N., 1985, "Influence of voice on satisfaction with leaders: exploring the meaning of process control." *Journal of Personality and Social Psychology* 48: 72-81.

- Tyler, T. R. & Blader, S. L., 2000, *Cooperation in groups*. Philadelphia: Psychology Press.

- Tyler , T. R. & Blader, S. L., 2005, "Can business effectively regulate employee conduct? The antecedents of rule following in work settings." *Academy of Management Journal* 48: 1143-1158.

- Tyler T. R. & Fagan, J., 2005, "Why Do People Help the Police to Fight Crime in Their Communities?" Pp. 219, note 21 unpublished manuscript, Psychology Department, New York University: Legitimacy and Cooperation. Cited in Tyler 2006.

- Uhl-Bien, M., Riggo, R. E., Lowe, K. B., & Carsten, M. K., 2014, "Followership theory: A review and research agenda." *The Leadership Quarterly* 25: 83-104.

- Umphress, E.E., Bingham, J.B., & Mitchell, M. S., 2010, "Unethical behavior in the name of the company: The moderating effect of organizational identification and positive reciprocity beliefs on unethical pro-organizational behavior." *Journal of Applied Psychology* 95: 769-780.

- Umphress, E. E. & Bingham, J. B., 2011, "When employees do bad things for good reasons: examining unethical pro-organizational behaviors." *Organization Science* 22: 621-640.

- Van Dierendonck, D., 2011, "Servant leadership: A review and synthesis." *Journal of Management* 37: 1228-1261.

- Van Dyne, L., Ang, S., & Botero, I. C., 2003, "Conceptualizing employee silence and employee voice as multidimensional constructs." *Journal of Management Studies* 40 (6): 1359-1392.

- Van Vegchel, N., de Jonge, J., Bosma, H., & Schaufeli, W., 2005, "Reviewing the effort-reward imbalance model: Drawing up the balance of 45 empirical studies." *Social Science and Medicine* 60: 1117-1131.

- Vardi, Y., 2001, "The effects of organizational and ethical climates on misconduct at work." *Journal of Business Ethics* 29: 325-337.

- Vardi, Y. & Weitz, E., 2004, *Misbehavior in organizations: Theory, research and management*. Mahwah, N. J.: Lawrence Erlbaum Associates.

- Victor, B. & Cullen, J. B., 1988, "The organizational basis of ethical work climates." *Administrative Science Quarterly* 33: 101-25.

- Wagner, P. & Gramzow, R., 2007, "Moral emotions and moral behavior." *Annual Review of Psychology* 58: 345-372.

- Walumbwa, F. O., Avolio, B. J., Gardner, W. L., Wernsing, T. S., & Peterson, S. J., 2008, "Authentic leadership: Development and validation of a theory-based measure." *Journal of Management* 34: 89-126.

- Walumbwa, F. O., Wang, P., Wang, H., Schaubroeck, J., & Avolio, B. J., 2010, "Psychological processes linking authentic leadership to follower behaviors." *The Leadership Quarterly* 21: 901-914.

- Wang, P. & Walumbwa, F. O., 2007, "Family-Friendly programs, organizational commitment, and work withdrawal: The moderating role of transformational leadership." *Personnel Psychology* 60: 397-427.

- Warr, P., 2007, *Work, happiness and unhappiness*. Mahwah, N.J.: Lawrence Erlbaum.

- Weber, M., 1976, *The Protestant ethic and the spirit of capitalism*. London: George Allen & Unwin. [1930]

- Whyte, W. H., 1956, *The Organization Man*. New York: Simon & Schuster.

- Wikipedia, 2015, "Largest public and private employers in the world." In *Wikipedia*, https://en.wikipedia.org/wiki/List_of_largest_employers (July 28, 2015).

- Willams, R., 2000, *Explaining corruption*. Edward Elgar, Cheltenham.

- Wimbush, J. C. & Shepard, J. M., 1994, "Towards an understanding of ethical climate: Its relationship to ethical behavior and supervisory influence." *Journal of Business Ethics* 13: 637-647.

- Wimbush, J. C., Shepard, J. M., & Markham, S. E., 1997, "An empirical examination of the relationship between ethical climate and ethical behavior from multiple levels of analysis." *Journal of Business Ethics* 16: 1705-1716.

- Yang, M., 1994, *Gift, favors, and banquets: The art of social relationships in China*. NY: Cornell University Press.

- Yener, M., Yaldiran, M., & Ergun, S., 2012, "The effect of ethical climate on work engagement." *Procedia-Social and Behavioral Sciences* 58: 724-733.

- Yukl, G. A., 2010, *Leadership in organizations*. Upper Saddle River, NJ: Prentice Hall.

- Zimbardo, P. G., Maslach, C., & Haney, C., 1999, "Reflections on the Stanford prison experiment: Genesis, transformation, consequences." Pp. 193-237 in *Obedience to Authority: current Perspectives on the Milgram Paradigm*, edited by T. Blass. Mahwah, NJ: Erlbaum.

- Zyglidopoulos, S. C. & Fleming, P. J., 2008, "Ethical distance in corrupt firms: How do innocent bystanders become guilty perpetrators?" *Journal of Business Ethics* 78: 265-274.

- Zyglidopoulos, S. C., Fleming, P. J., & Rothenberg, S., 2009, "Rationalization, overcompensation and the Escalation of corruption in organizations." *Journal of Business Ethics* 84: 65-73.

附錄
組織的善與組織的惡

表甲　組織惡行／惡德	
個人惡行／惡德	組織惡行／惡德
蓄意損壞組織財物、工序或產品；偷竊／侵吞公司財物；蓄意製造浪費、放慢工作、太多的休息、休息時間過長 **人際關係偏差：**蓄意令同事當眾難堪，或在工作時製造困難；搬弄是非或誹謗；無禮對待同事：粗言穢語、舉止粗野不雅、或侮辱、惡罵、嘲諷；經常性的偷窺、不受歡迎的肢體碰觸、黃腔黃調、色情舉動及到處情色塗鴉；語言暴力、肢體暴力、性騷擾；揭人私穩、謠言誹謗、栽贓陷害、口蜜腹劍 說謊、瞞騙、利益衝突（不迴避） 索賄、受賄、回扣 隱瞞訊息、虛報開支 偽造文書、做假作弊 自甘墮落、不思上進 自私自利、只取不予、佔人便宜， 靠攏權貴、阿諛奉承 職務廢馳、工作草率、尸位素餐 唯唯諾諾、人云亦云 歧視他人、瞞上欺下 忘恩負義、見利忘義 違法犯規、投機取巧、偷工減料 勾結為惡、迫／誘良為惡 縱容不義、見義不為 不責負任、退縮閃避 不問是非、顛三倒四 拉幫結派、結黨營私 以權謀私、利慾薰心	■ **輕德薄義：**（輕忽正義） 分配不公：薪資福利不公、工時過長 程序不公：程序不透明不公開、溝通不良、監督失效 ■ **互動不公：**上級濫權偏頗、欺凌下級 ■ **違背承諾，言而不行** ■ **違法違規**（貪污舞弊、逃稅假賬、規範缺乏、紀律混亂） ■ **文化腐敗：**唯利是圖、為非作歹、短線操作、不仁不義、以怨報怨、惡性回報、積非成是、因循苟且、不問是非、姑息養奸、鄉愿成習、 罰不明、抑善揚惡、小人當道、排擠忠良 ■ **傷害利害關係人；**員工、客戶、供應商、股東、消費者、社會、信徒 ■ **傷害社區**（集體貪瀆） ■ **傷害環境、破壞自然** ■ **價值錯亂、信念扭曲** ■ **領導才庸德薄**（昏庸無能、偏頗不公、以權謀私、排除異己、推卸責任、無擔當、拉幫結派、瀆職濫權、怠惰失職、封閉自滿、剛愎自用、權位傲慢、心術不正、無誠信、言行不一、口是心非、不可信賴

（以上惡行／德可能有重疊，個人行為包括上下級下屬或同工彼此對待；個人與組織之間有惡的循環。）

表乙　組織善行／美德	
個人善行／美德	組織善行／組織美德
盡忠職守、勇於承擔 剛正不阿、擇善固執 循規守法、遵守承諾 獨立自主、不同流合污 慎思明辨、敢言慎行 任事認真、全力以赴 誠實不欺、公正不偏 專業敬業、力爭上游 不阿權貴、不唯諾、不奉承 是非分明、見義有為、行善去惡 公私分明、不徇私、不侵公 與人為善、善與人同 實事求是、不弄虛作假 樂於助人、志於奉獻 不佔便宜、不貪功、不偷功 價值正確、信念正派 勇於認錯、勇於改錯 好學不倦、敢於創新 言行一致、坐言起行	■ **尊德重義**：（公平正義） 　分配正義：薪資、福利、工時 　程序正義：規範、程序、決策、運作 ■ **互動正義**：上級下級公正對待 ■ **重誠信、守承諾** ■ **守法尊規**（不貪污、誠實課稅、規範守正當、秩序井然） ■ **文化尊德重義**：抑惡揚善、善行獲得肯定獎勵、惡行受到譴責制裁、善性回報、以德報德、是非分別、不姑息養奸、拒絕鄉愿、 罰分明、抑惡揚善、賢能當道 ■ **關心照顧利害關係人**：客戶、消費者、投資人、合夥人、員工、市民、信徒 ■ **關懷社區、協助弱勢** ■ **關懷環境、愛護自然** ■ **價值正當、信念正確** ■ **善盡社會責任** ■ **賢能領導**（才德兼備、公正、誠信、盡責、有擔當、大公無私、應為即為、廣開言路、善納諫言、有錯即改、用人唯賢、獎懲分明、抑惡揚善、價值正派、用權適當、關懷永續）

（以上惡行／德可能有重疊，個人行為包括上下級下屬，或同工彼此對待；個人與組織之間有善的循環。）

索引